Das Deutschbuch

für die Fachhochschulreife
für das Berufskolleg Baden-Württemberg

Prüfungsvorbereitung

Arbeitsheft mit Lösungen

Herausgegeben von
Martina Schulz-Hamann

Erarbeitet von
Kerstin Ansel-Röhrleef, Juliane Becker, Petra Pascher,
Britta Schmitz, Martina Schulz-Hamann, Nicole Winkler

Cornelsen

INHALTSÜBERSICHT

Sprechen und Zuhören · Sachtexte · Literarische Texte · Grundlagenwissen

KAPITEL 8

ANHANG

Sprechen und Zuhören | Sachtexte | Literarische Texte | Grundlagenwissen

KAPITEL 1

Eine freie Erörterung schreiben
Dialektische Erörterung

Intro

Sie möchten Ihr Praktikum in einem Kindergarten absolvieren und haben auf Ihre Bewerbung eine positive Rückmeldung vom bilingualen Kindergarten „Grenzenlos" bekommen. Bevor Sie zusagen, wollen Sie für sich klären, was von einer mehrsprachigen Erziehung zu halten ist, und suchen nach Informationen aus verschiedenen Quellen.

Die Aufgabe

Erörtern Sie Vor- und Nachteile einer mehrsprachigen Erziehung.

Diese Kompetenzen sind gefragt

1 *Kreuzen Sie an, wie Sie sich einschätzen.*

Kompetenzen	Das kann ich	Das kann ich teilweise	Das trainiere ich
das strittige Problem erkennen und analysieren			
sich eine eigene Meinung bilden und äußern			
andere von der eigenen Position überzeugen			
eine dialektische Erörterung schreiben:			
– Assoziationen sammeln			
– Informationsmaterial auswerten			
– Argumente für den eigenen Standpunkt formulieren			
– Argumente entfalten			
– sich in die Gegenposition versetzen und Gegenargumente formulieren			
– die Argumentation schlüssig aufbauen			
– durch Absätze gliedern			
– sinnvolle Übergänge zwischen Einleitung, Hauptteil und Schluss formulieren			
– die Argumentation mit einer persönlichen Stellungnahme abschließen			
den Aufsatz im Hinblick auf sprachliche Richtigkeit überarbeiten			

Die dialektische Erörterung vorbereiten

Sich eine Meinung bilden

1 *Notieren Sie in einer Mindmap Gedanken, die Ihnen zum Thema mehrsprachige Erziehung einfallen.*

2 *Formulieren Sie Ihre eigene Position zu diesem Thema in einem Satz.*

Eine Argumentation aufbauen

Unter anderem haben Sie den folgenden Artikel über eine multilinguale Kindertagesstätte in Berlin gefunden.

Mehrsprachigkeit: Ein Kind, drei Sprachen

von Martin Spiewak

Andrej spricht mit Jegor Russisch, Jegor mit Andrej lieber Deutsch. Yuko war in den Ferien bei den Großeltern in Japan und hat seither Probleme mit dem R. Und der dreijährige Simon redet beim Früchtespiel laufend von „Apples“ und „Birnens“. Ein solches babylonisches Sprachengewirr bereitet Pädagogen gewöhnlich Kopfzerbrechen. In der Kita Multi Lingua in Berlin-Charlottenburg ist es ausdrücklich erwünscht. „Wir freuen uns über jedes Kind, das nicht nur Deutsch spricht“, sagt Dina Chubukova.

Die 32-jährige Kita-Geschäftsführerin stammt aus Russland, hat dort die deutsche Schule besucht und lebt mit ihrem kanadischen Lebensgefährten in Berlin. Russisch, Englisch, Deutsch: In diesen Sprachen sollte sich auch ihre Tochter heimisch fühlen, zu Hause wie in der Kita. Doch das Paar fand keine trilinguale Einrichtung. Da beschloss die studierte Pädagogin, selbst eine Kita zu gründen. Fast vier Jahre ist das jetzt her. Seitdem hat Chubukova die Kita erweitert, und noch immer stehen auf der Warteliste mehr als 100 Namen. Für die tägliche Sprachenvielfalt zahlen viele Eltern sogar mehr als die gesetzlichen Gebühren.

Mehrsprachigkeit liegt im Trend, nicht nur bei Eltern und Pädagogen, sondern auch unter Wissenschaftlern. Linguisten, Psychologen und Hirnforscher loten seit einiger Zeit den „kognitiven Nutzen“ der Bilingualität aus. Wer polyglott ist, hat demnach nicht nur bessere Chancen im Job oder beim Eintauchen in fremde Kulturen. Er soll auch flexibler im Denken und schneller im Kopf sein. Selbst die Anfälligkeit für Alzheimer soll der Multilinguismus verringern. […]

(Die Zeit, 19.11.2015)

1 *Formulieren Sie auf der Grundlage des Textes von S. 5 Argumente, die für eine mehrsprachige Erziehung von Kindern sprechen.*

____

____

____

____

2 *Finden Sie eigene Argumente, die für eine mehrsprachige Erziehung von Kindern sprechen.*

____

____

____

____

3 *Recherchieren Sie im Internet zum Begriff Multilingualismus. Ergänzen Sie ggf. Ihre Argumente in Aufgabe 2.*

Welche Chancen bieten sich Kindern, die mehrsprachig erzogen wurden? Auf der Suche nach Informationen zu diesem Thema stoßen Sie auf den folgenden Artikel.

Fremdsprachen: Der Schlüssel zum beruflichen Erfolg?

Die Globalisierung der Weltwirtschaft schreitet voran. Die logische Konsequenz sind höhere Anforderungen an die Sprachkompetenzen Erwerbstätiger, die immer stärker in den Fokus geraten.

Waren internationale Kontakte zu anderen Unternehmen einst Führungsebenen vorbehalten, ist die Kontaktaufnahme mit ausländischen Kunden mittlerweile für die meisten Angestellten ein wichtiges Thema. [...]
Aktuellen Studien zufolge wird durchschnittlich jeder fünfte Deutsche europaweit mit mindestens einer Fremdsprache am Arbeitsplatz konfrontiert. Derzeitige Tendenzen verweisen darauf, dass Kenntnisse in einer Fremdsprache auch für Arbeitnehmer mit niedriger Qualifikation eine wichtige Komponente sind, um beruflich Fuß zu fassen. Ein weiterer Trend wird dahingehend verzeichnet, dass Fremdsprachenkenntnisse für jüngere Menschen zunehmend an Bedeutung gewinnen. [...]
In bestimmten Berufsfeldern sind diese Fremdsprachenkenntnisse ausschlaggebend für eine Einstellung oder erhöhen die Karrierechancen drastisch. Denn Schlagworte wie „interkulturelles Wissen“ haben sich längst zur sozialen Notwendigkeit entwickelt und versprechen international etablierten Unternehmen deutliche Wettbewerbsvorteile. [...]

www.sz-online.de

4 *Formulieren Sie auf der Grundlage des Textes von S. 6 Argumente für die mehrsprachige Erziehung von Kindern im Hinblick auf die berufliche Zukunft.*

5 *Lesen Sie den folgenden Dialog. Versetzen Sie sich in die Person B und führen Sie deren Position näher aus.*

Person A: „Kinder, die mit zwei oder mehr Sprachen aufwachsen, beherrschen diese Sprachen ihr Leben lang und können auf einem sehr hohen Niveau in all diesen Sprachen kommunizieren." – Person B: „Allerdings laufen diese Kinder Gefahr, dass sie keine der Sprachen richtig beherrschen, und bekommen häufig viele Probleme im Schulsystem."

a) Formulieren Sie auf der Grundlage von Person B eine These.

b) Begründen Sie diese These mit einem Argument.

c) Entfalten Sie das Argument, indem Sie Belege und/oder Beispiele anführen.

d) Formulieren Sie mindestens ein weiteres Argument, das der Haltung von Person A widerspricht.

e) Entfalten Sie auch Ihr(e) Argument(e) aus Aufgabe 5d.

____

____

____

____

BASISWISSEN | **Bestandteile einer Argumentation**

Eine These ist eine Behauptung oder Meinung zu einem bestimmten Problem. Sie sollte als Aussage und nicht als Frage formuliert werden:
Eine multilinguale Erziehung ist zu befürworten, ...
Die These wird mit einem Argument begründet. Um die Wirkung des Arguments zu stärken, wird es entfaltet:
... denn in frühen Jahren lernen Kinder eine Sprache noch mühelos.
Hierzu werden Belege, Beispiele oder Analogien angeführt:
Die Wissenschaft geht heute davon aus, dass den Menschen die Mehrsprachigkeit in den Genen sitzt.

Die dialektische Erörterung schreiben

Eine dialektische Erörterung wird verfasst, um sich zu einem strittigen Problem zu äußern und sich entweder für die eine oder die andere Seite zu entscheiden.

ARBEITSTECHNIK | **Eine dialektische Erörterung gliedern**

In der Einleitung Ihres Erörterungsaufsatzes sollen Sie das Interesse Ihrer Leser/-innen wecken und zum Thema hinführen. Dabei können Sie am Schluss der Einleitung die zu erörternde These formulieren. Im Hauptteil erfolgt dann die Auseinandersetzung mit dem strittigen Thema. Ihre Argumentation können Sie nach zwei Prinzipien aufbauen:

Blockprinzip:	**Reißverschlussprinzip:**
Pro-These	1. Pro-Argument
1. Pro-Argument	1. Kontra-Argument
2. Pro-Argument	2. Pro-Argument
...	2. Kontra-Argument
Kontra-These	...
1. Kontra-Argument	
2. Kontra-Argument	
...	

Sie beenden Ihre Argumentation mit Ihrer persönlichen Stellungnahme. Im Schluss Ihres Aufsatzes runden Sie das Thema ab, indem Sie zusammenfassend Bezug zum Thema nehmen, eine persönliche Folgerung oder einen Ausblick in die Zukunft formulieren.

1 *Formulieren Sie die Einleitung der dialektischen Erörterung zum Für und Wider von mehrsprachiger Erziehung.*

____

____

____

2 *Entscheiden Sie sich für ein Gliederungsprinzip Ihrer Argumentation. Formulieren Sie dann den Beginn Ihrer Argumentation.*

____

____

____

3 *Überlegen Sie sich eine persönliche Schlussfolgerung oder einen Ausblick für den Schlussteil.*

____

____

____

____

4 *Schreiben Sie Ihre dialektische Erörterung. Verwenden Sie dazu ein gesondertes Blatt.*

So schätze ich mich jetzt ein

Füllen Sie den Kompetenzcheck von S. 4 erneut aus.
Vergleichen Sie die Ergebnisse miteinander.

Kompetenzen individuell vertiefen

Wenn Sie nach weiteren Trainingsmöglichkeiten suchen, haben Sie die Möglichkeit, zwischen den folgenden Aufgaben zu wählen.

★ 1 Bei Ihren bisherigen Recherchen zum Multilingualismus haben Sie festgestellt, dass häufig von den fünf Weltsprachen die Rede ist. Vertiefen Sie Ihr Wissen darüber durch weitere Internetrecherchen und erstellen Sie ein Schaubild zu Ihren Ergebnissen.

2 Immer mehr Schülerinnen und Schüler wollen ein Schuljahr im Ausland verbringen. Erörtern Sie die Vor- und Nachteile eines Schuljahres in einem anderen Land.

Lineare Erörterung

Intro

Sie arbeiten ehrenamtlich als Lesepatin/Lesepate an einer Grundschule und stellen in Gesprächen mit den Schülerinnen und Schülern fest, dass viele von ihnen keine Motivation haben, selbst zu lesen. Auf Nachfrage geben einige an, dass sie auch Texte, die für ihr Alter angemessen sein sollten, oftmals nicht richtig verstehen. Das erinnert Sie daran, dass Sie neulich etwas über das Netzwerk Leichte Sprache gelesen haben und über aktuelle Bestrebungen, Texte in Leichte Sprache zu transferieren.

Die Aufgabe

Erörtern Sie die Vorteile der Leichten Sprache.

Diese Kompetenzen sind gefragt

1 *Kreuzen Sie an, wie Sie sich einschätzen.*

Kompetenzen	Das kann ich	Das kann ich teilweise	Das trainiere ich
ein Sachproblem analysieren			
eine lineare Erörterung schreiben:			
– eine These aufstellen			
– die These mit Argumenten schlüssig begründen			
– die Argumente entfalten			
– die Argumentation sinnvoll aufbauen			
– den Text übersichtlich gliedern in Einleitung, Hauptteil und Schluss			
– das Thema im Schlussteil angemessen abrunden			
den Aufsatz im Hinblick auf sprachliche Richtigkeit überarbeiten			

Die lineare Erörterung vorbereiten

Bei Ihren Recherchen zum Thema Leichte Sprache sind Sie auf den folgenden Artikel gestoßen.

„Leichte Sprache“

von Heiko Weckbrodt

[...] Millionen Deutsche können die meisten Bücher nicht lesen. Sie sind mit den komplizierten Sätzen überfordert. Texte in „leichter Sprache“ sollen ihnen helfen [...].

„Romeo geht in der Stadt spazieren. Er schlendert über den Markt. In Verona ist immer etwas los.“ [...] Bei dem Buch in einem neuen Regal der Hauptbibliothek Dresden, aus dem die Sätze stammen, handelt es sich um Shakespeares „Romeo und Julia“ – übersetzt in sogenannte leichte Sprache.

Das heißt: Die Sätze sind kurz, aufgebaut nach dem Muster Subjekt-Prädikat-Objekt. Verwendet werden nur einfache Wörter. Jeder Satz hat nur eine Aussage. Es gibt nur das Aktiv, kein Passiv.

Bücher und andere Angebote in leichter Sprache gewinnen an Bedeutung, schätzt die Geschäftsführerin des Vereins Netzwerk Leichte Sprache, Gisela Holtz. Dies liege einerseits daran, dass Behörden mit Blick auf die UN-Behindertenrechtskonvention ihre Bürokratensprache nach und nach in einfach verständliche Sätze zu übersetzen versuchen.

Außerdem könnten Texte in leichter und einfacher Sprache, deren Regelwerk das Münsteraner Netzwerk seit 2006 herausgibt, bei der Integration [...] helfen. „Bücher in leichter Sprache sind für Menschen gedacht, die ernste Probleme haben, ‚normale‘ Texte zu lesen und zu verstehen“, erklärt Koordinatorin Lena Schulz von den Städtischen Bibliotheken Dresden. [...]

„Wie viele Menschen insgesamt auf Texte in leichter Sprache eigentlich angewiesen wären, ist aber nirgends statistisch erfasst“, sagt Gisela Holtz. „Was wir auf jeden Fall merken: Das Interesse vor allem an schönen und interessanten Büchern in leichter Sprache wächst.“ [...]

(Die Welt, 30.03.2016)

Eine Argumentation aufbauen

1 *Sammeln Sie anhand des Textes Stichwörter zum Thema Vorteile der Leichten Sprache und ordnen Sie diese mithilfe einer Mindmap.*

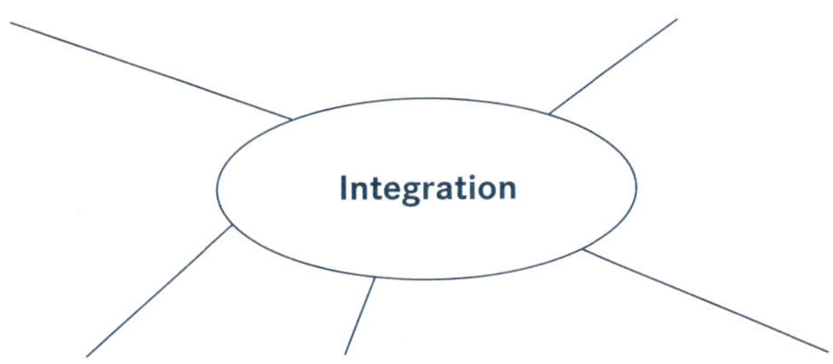

2 *Notieren Sie die These, auf der Sie Ihre Argumentation aufbauen.*

3 *Sammeln Sie Argumente für Ihre These. Nutzen Sie die Stichwörter aus Ihrer Mindmap sowie Ihr eigenes Vorwissen. Verwenden Sie ein gesondertes Blatt Papier.*

4 *Welche Argumente wollen Sie in Ihrem Aufsatz wo platzieren? Nummerieren Sie sie auf Ihrem Papier in der Reihenfolge, in der sie in Ihrem Text genannt werden sollen.*

BASISWISSEN – Bestandteile einer Argumentation

These: Dies ist eine Behauptung oder Meinung. Sie darf nicht als Frage formuliert werden.
Beispiel: *Sport macht glücklich, ...*

Argument: begründet die These
Beispiel: *... weil der Neurotransmitter Serotonin erzeugt wird.*

Entfaltung des Arguments: Um die Wirkung der Argumente zu verstärken, werden Belege aufgeführt.
Beispiel: *Viele Studien belegen, dass Menschen mit Depressionen durch ihr Sporttraining und das damit verbundene Mehraufkommen von Serotonin eine bessere Lebensqualität erreichen.*

Es kann eine **Folgerung** angefügt werden:
Beispiel: *Noch viel mehr Menschen müssten sich sportlich betätigen, um einen Ausgleich für einen nicht immer leichten Alltag zu finden. Schon in der Schule sollten hier die Grundlagen gelegt werden. Das Fach Sport müsste mit mehr Stunden unterrichtet werden.*

5 *Ordnen Sie die drei Argumente den richtigen Beispielen für die Entfaltung der Argumentation zu.*

☐ A: ... weil Leichte Sprache Nichtmuttersprachler beim Erlernen der deutschen Sprache unterstützt.

☐ B: ... weil auch Menschen, die keine Lernbeeinträchtigung haben und deren Muttersprache Deutsch ist, froh sind, dass es Texte in Leichter Sprache gibt.

☐ C: ... denn die UN-Behindertenrechtskonvention fordert die Verwendung der Leichten Sprache, damit auch lernbeeinträchtigte Menschen am gesellschaftlichen Leben teilhaben und selbstbestimmt leben können.

1. Die Sätze sind kurz und nach dem Muster Subjekt-Prädikat-Objekt aufgebaut. Verwendet werden nur einfache Wörter. Jeder Satz hat nur eine Aussage. Es gibt nur das Aktiv, kein Passiv.
2. Mehr als jeder achte Einwohner in Deutschland hat eine amtlich anerkannte Behinderung. Wie das Statistische Bundesamt mitteilte, lebten im Jahr 2013 in Deutschland 10,2 Millionen Menschen mit Behinderung. Das entspricht einem Anteil an der Bevölkerung von 13 Prozent. 2,7 Millionen Menschen lebten mit einer leichteren Behinderung.
3. Das Niedersächsische Justizministerium hat einige Rechtstexte in Leichte Sprache übersetzt, z. B. eine Broschüre zum Erbrecht. Diese hatte eine erste Auflage von 30 000 Exemplaren, die innerhalb weniger Monate vergriffen waren. Der größte Teil der Besteller waren Personen ohne Lesebeeinträchtigung, die Erbrecht verstehen wollten.

ARBEITSTECHNIK **Argumente entfalten**

Ihre Argumente unterstützen Sie durch verschiedene Arten von Belegen:
Das können **Faktenbelege, Rückgriffe auf Erfahrungen, Autoritätsbelege** (Zitate von bekannten Persönlichkeiten) oder **Analogien** (Übertragung eines Sachverhaltes auf einen anderen, vergleichbaren Bereich) sein. Bei einigen Belegen (z. B. statistische Angaben, Zitate) ist auch die Quellenangabe notwendig.

6 *Sammeln Sie Belege, die Ihre Argumente stützen. Nutzen Sie ein gesondertes Blatt Papier.*

Die lineare Erörterung schreiben

BASISWISSEN **Eine lineare Erörterung gliedern**

Die **Einleitung** der Erörterung kann durch einen aktuellen Bezug zum Problem das Interesse der Leser/-innen wecken. Am Ende der Einleitung wird die These aufgestellt. Im **Hauptteil** erfolgt die Auseinandersetzung mit der Sachfrage (Argumentation), d. h., Ursachen, Hintergründe, Folgen werden erörtert und Lösungsmöglichkeiten vorgeschlagen. Im **Schlussteil** wird in einem Fazit der persönliche Standpunkt zur aufgeworfenen Sachfrage geäußert und das Thema abgerundet.

1 *Formulieren Sie eine geeignete Überleitung, die Ihre These mit dem Hauptteil verbindet.*

____

____

____

2 *Schreiben Sie Ihre lineare Erörterung. Verwenden Sie dazu ein gesondertes Blatt.*

So schätze ich mich jetzt ein

Füllen Sie den Kompetenzcheck von S. 10 erneut aus.
Vergleichen Sie die Ergebnisse miteinander.

Kompetenzen individuell vertiefen

Wenn Sie nach weiteren Trainingsmöglichkeiten suchen, haben Sie zwei Möglichkeiten: Sie arbeiten weiter mit dem Thema Leichte Sprache oder wenden sich dem Thema Dialekte zu.

★ 1 Erstellen Sie ein Informationsblatt für den öffentlichen Personennahverkehr Ihrer Heimatgemeinde in Leichter Sprache.

2 Deutschland gehört zu einem der Länder mit auffallend vielen Dialekten. Dialekte sind Teil der deutschen Tradition und wahre kulturelle Schätze. Erörtern Sie diese Thematik.

KAPITEL 2

Eine textgebundene Erörterung schreiben

Intro

„Wer bin ich – und wenn ja, wie viele?", so lautet der Titel eines Sachbuchs, das zum Bestseller wurde, denn es geht den wesentlichen Fragen des Menschseins auf den Grund: Wer sind wir? Was wollen wir? Was zeigen wir davon nach außen?
Über Kommentare und andere Texte, die Ihnen in den verschiedensten Medien begegnen, werden Sie ständig dazu angeregt, sich zu der Haltung einer Autorin oder eines Autors zu positionieren und den eigenen Standpunkt zu definieren, zu hinterfragen und möglicherweise auch zu verändern. Das Thema Ordnung, das im folgenden Artikel aus dem Magazin „Neon" im Zentrum steht, bietet ebenfalls Anlass, sich mit der eigenen Person und der Wirkung nach außen zu beschäftigen.

Die Aufgabe

Setzen Sie sich mit den Hauptaussagen der Autorin auseinander und entwickeln Sie einen eigenen Standpunkt.

Vivian Pasquet: Sozialhilfe – Ordnung war gestern

Meine Oma sagte einmal, im Krieg sei Ordnung überlebenswichtig gewesen. Wenn die Luftangriffe kamen, hätte sie wissen müssen, wo Verbandzeug, Decken und Kerzen sind.
Ich bin ein Kind des Friedens.
In meinem Zimmer liegen die Kleider auf dem Boden, neben Zeitungsstapeln und einem Schachbrett. Die Post stapelt sich auf dem Schreibtisch, darauf ein Kokosnusstrinkbecher, der Laptop. Ich habe überlegt, ob man das einfach so schreiben kann. Man wird ja leicht verurteilt. Messie, verwahrlost, dreckig.
Obwohl nirgendwo festgelegt ist, dass Socken in Schubladen verbannt, Hosen zwischen Regalbretter gequetscht oder Hemden auf Kleiderbügel aufgespießt gehören, sind wir umzingelt von Stauraum: Kommoden, Schränke, Aufbewahrungssysteme in

allen Größen und Formen. Und niemand käme auf die Idee, sich zu rechtfertigen, weil es bei ihm zwanghaft ordentlich ist.
Neulich übernachtete ich bei einer Bekannten. Der Teppich war perfekt gesaugt, die Kanten ihrer Bettdecke wie mit dem Lineal gezogen. Ich sollte auf der Couch übernachten und hatte Angst, auf das schneeweiße Kissen zu sabbern. Ein beklemmendes Gefühl. Entschuldigt hat sie sich nicht dafür.
„Sorry, ist etwas unordentlich hier", gehört inzwischen zu jedem guten Begrüßungssmalltalk dazu. Das Aufräumen-bevor-Besuch-kommt ist dabei nur eines der vielen ungeschriebenen Gesetze, die wir befolgen, um nach außen das Gesicht zu wahren. Meistens geht es bei diesen Regeln darum, nicht zu zeigen, wie man wirklich lebt, wer man tatsächlich ist oder was man gerne machen möchte. Jeder von uns folgt in irgendeiner Situation einem Gesetz, das seinem Wesen eigentlich gar nicht entspricht.
Ich habe einen Freund, der in einer WG wohnt und bei offiziellen Gesprächen immer von „seiner Wohnung" anstatt von seinem Zimmer redet. Weil es ihm peinlich ist, den nächsten Schritt noch nicht gegangen zu sein. „Der nächste Schritt" ist ein guter Kumpel von „Sorry, ich habe nicht aufgeräumt".
Leute gehen ihn zum Beispiel, wenn sie sagen, es sei jetzt endlich Zeit für „was Eigenes". Ich habe nie verstanden, wieso es erwachsener sein soll, allein statt in einer WG zu wohnen – und wer diese unsichtbaren Altersgrenzen gezogen hat, die bestimmen, wann was zu tun ist.
Leute, die sich dafür schämen, den „nächsten Schritt" noch nicht gegangen zu sein, sind oft dieselben, die sich nicht wohl dabei fühlen, allein in einem Restaurant zu sitzen, ohne Begleitung ins Kino zu gehen oder eine „Bunte" auf das Band an der Supermarktkasse zu legen.
In solchen Momenten trauen wir uns nicht, wir selbst zu sein, weil wir Angst haben, andere könnten uns verurteilen. Und so schauen wir uns zwar zu Hause allein einen Film an oder wir kochen, auch wenn niemand da ist, der mitisst. Doch sobald wir dieselben Dinge öffentlich tun, werten wir sie als Ausdruck unserer gesellschaftlichen Minderwertigkeit. Wie man heute zu leben hat, zeigen einem ja permanent die allermeisten Posts auf Facebook, Twitter, Instagram. Das setzt einen dann erst recht unter Druck, diese Norm zu erfüllen. Wer hat eigentlich festgelegt, woran man erkennt, ob jemand als einsam oder glücklich, nicht integer oder charakterstark gilt? Im Grunde genommen niemand – und zugleich wir alle. Weil es unsere tiefsten Urängste berührt, wenn andere denken, wir seien allein, unfähig oder zurückgeblieben.
Erst neulich saß ich mit einem neuen Bekannten an einer U-Bahn-Station. Ich hatte eben erklärt, dass ich keine Lust auf Disco hätte. Dann sagte ich auch noch, dass ich nicht mehr so der Partytyp sei und mir einen Garten wünsche, um dort Tomaten zu züchten. Schnell fügte ich hinzu: „Ziemlich spießig, ich weiß." Der Bekannte sah mich irritiert an und fragte: „Wer sagt eigentlich, dass Tomaten züchten spießiger ist, als in die Disco zu gehen?" Er hatte recht. Wir sollten endlich nicht mehr vorgeben, so zu sein, wie „man" eben ist, sondern uns fragen, ob das noch unserem „Ich" entspricht. Denn das „man" ist meist die eigene Angst, und es lohnt sich, sich dieser zu stellen. Ich habe begonnen, nicht mehr aufzuräumen, bevor Besuch kommt.
Es fühlt sich gut an.

(NEON, 01/2016)

Diese Kompetenzen sind gefragt

1 *Kreuzen Sie an, wie Sie sich einschätzen.*

Kompetenzen	Das kann ich	Das kann ich teilweise	Das trainiere ich
den Inhalt und Aufbau eines Textes erfassen			
eine strukturierte Textwiedergabe verfassen:			
– den wesentlichen Inhalt des Textes wiedergeben			
– die Position der Autorin/des Autors darlegen			
– die Aussagen der Autorin/des Autors in indirekter Rede wiedergeben			
– die Argumentationsstruktur darstellen			
zu einem Text Stellung nehmen:			
– die Argumentation der Autorin/des Autors prüfen und bewerten			
– die sprachliche Darstellung bewerten			
– eine eigene Sicht auf das Thema des Textes entwickeln			
– Thesen anführen, die über den Text hinausgehen			
– eigene Argumente belegen			
eine textgebundene Erörterung schreiben:			
– eine Gliederung erstellen			
– Zusammenhänge klar und sachlich darstellen			
– durch Absätze gliedern			
– sinnvolle Übergänge zwischen Einleitung, Hauptteil und Schluss formulieren			
– im Präsens formulieren			
den Aufsatz im Hinblick auf sprachliche Richtigkeit überarbeiten			

Die textgebundene Erörterung vorbereiten

1 *Wie wirkt dieser Text auf Sie? Notieren Sie Ihren ersten Leseeindruck.*

Den Inhalt des Textes verstehen

1 *Markieren Sie die zentralen Aussagen des Textes.*

2 *Werten Sie die folgenden Schülerbeispiele aus. Kreuzen Sie an, welche Darstellung des Themas Sie für gelungen halten, und begründen Sie Ihre Meinung.*

- ☐ Vivian Pasquet kritisiert in ihrem Artikel, dass wir nur aufräumen, wenn Besuch kommt.
- ☐ In dem Artikel wird aufgezeigt, was wir alles tun, um nicht so wahrgenommen zu werden, wie wir wirklich sind.
- ☐ Frau Pasquet ermuntert uns in ihrem Artikel, zu uns selbst zu stehen – und uns auch nach außen so zu geben, wie wir wirklich sind.
- ☐ Die Autorin führt aus, wie gut es tut, seinen eigenen Interessen treu zu sein – egal, ob wir unordentlich sind, gerne Tomaten züchten oder alleine ins Kino gehen.

Begründung:

3 *Geben Sie das Thema des Textes mit eigenen Worten in maximal drei kurzen Sätzen wieder.*

4 *Untersuchen Sie, wie die Autorin die Leser/-innen zum Thema hinführt.*

5 ***Setzen Sie sich mit der Argumentation der Autorin auseinander. Notieren Sie Thesen und Argumente.***

Beispiel: These: *Im Krieg ist Ordnung überlebenswichtig gewesen.*
Argument: *Wenn die Luftangriffe kamen, musste man wissen, wo Verbandzeug, Decken und Kerzen sind.*

BASISWISSEN Argumentationsbelege

Belege dienen dazu, Argumente näher zu veranschaulichen. Dieses kann auf unterschiedliche Art und Weise geschehen:

- Angabe von Fakten (Zahlen, Statistiken, wissenschaftliche Untersuchungen etc.)
- Verweise auf allgemein anerkannte Werte (Verfassung, Menschenrechte etc.)
- Rückgriff auf Erfahrungen (nachvollziehbare Beispiele aus der eigenen Erfahrungswelt)
- Berufung auf Autoritäten (Zitate von Experten etc.)
- Bildung von Analogien (Rückschlüsse aus erwiesenen Tatsachen, die auf andere Bereiche übertragen werden)

6 ***Untersuchen Sie, welche Argumentationsbelege die Autorin bevorzugt. Greifen Sie dabei auf die Informationen aus dem Basiswissen zurück.***

Eine strukturierte Textwiedergabe verfassen

1 *Geben Sie die folgenden Sätze im Konjunktiv wieder. Leiten Sie die Aussagen mit Sätzen wie „Die Autorin meint, ...“ oder „Die Autorin ist der Auffassung, dass ...“ ein.*

- In meinem Zimmer liegen die Kleider auf dem Boden, neben Zeitungsstapeln und einem Schachbrett.
- Jeder von uns folgt in irgendeiner Situation einem Gesetz, das seinem Wesen eigentlich gar nicht entspricht.
- Ich habe einen Freund, der in einer WG wohnt und bei offiziellen Gesprächen immer von „seiner Wohnung“ anstatt von seinem Zimmer redet.
- Weil es unsere tiefsten Urängste berührt, wenn andere denken, wir seien allein, unfähig oder zurückgeblieben.

BASISWISSEN **Indirekte Rede**

Wenn Sie die Meinung der Autorin oder des Autors wiedergeben, zitieren Sie üblicherweise in der indirekten Rede. Das Verb, das Sie in der indirekten Rede verwenden, steht in der Regel im Konjunktiv I. Wenn Sie das Zitat mit der Konjunktion „dass“ einleiten, darf das Verb im Indikativ stehen.

Wenn die Form des Konjunktivs I mit der des Präsens Indikativ übereinstimmt, nutzt man den Konjunktiv II oder umschreibt ihn mit einer Form von „würden“.
- Übereinstimmung: *Die Autoren betonen, sie (nehmen) die Ergebnisse der aktuellen Studie als Grundlage für die Berichte.*
- Konjunktiv II: *Die Autoren betonen, sie nähmen die Ergebnisse der aktuellen Studie als Grundlage für die Berichte.*
- Umschreibung mit „würden“: *Die Autoren betonen, sie würden die Ergebnisse der aktuellen Studie als Grundlage für die Berichte nehmen.*

Der Konjunktiv II wird vom Präteritum Indikativ gebildet. Dabei wird oft ein Umlaut eingefügt, d. h., bei dem obigen Beispiel wird von a zu ä gewechselt.

2 *Verfassen Sie eine strukturierte Wiedergabe des vorliegenden Textes. Nutzen Sie dazu die Ergebnisse der vorherigen Aufgaben. Verwenden Sie ein gesondertes Blatt Papier.*

BASISWISSEN | **Strukturierte Textwiedergabe**

Die strukturierte Textwiedergabe
- klärt die Einordnung des Textes.
- verdeutlicht die Sichtweise der Verfasserin/des Verfassers.
- zeigt das Thema, die weiteren Thesen sowie Belege und Beispiele.
- fasst die Argumentationsschritte zusammen.

Die Sprache der strukturierten Textwiedergabe ist neutral, die Darstellung objektiv. Meinungen der Autorin/des Autors werden im Konjunktiv wiedergegeben.

Eine eigene Sicht auf das Thema des Textes entwickeln

1 *Prüfen und bewerten Sie die Argumentation der Autorin.*

a) Ist die Argumentation folgerichtig aufgebaut?

____

____

b) Ist die Argumentation ausgewogen?

____

____

c) Finden Sie die Argumente überzeugend? Begründen Sie.

____

____

2 *Prüfen und beurteilen Sie die Argumentationsbelege, die die Autorin anführt. Welche lassen sich entkräften? Greifen Sie auf das Basiswissen von S. 18 zurück.*

____

____

____

____

____

3 *Legen Sie dar, inwieweit die Autorin Lösungsvorschläge anbietet, und beurteilen Sie diese.*

4 *Notieren Sie ergänzende und gegensätzliche Aspekte zur Position der Autorin. Verwenden Sie ein gesondertes Blatt Papier.*

5 *Beurteilen Sie, wie die Autorin ihre Position sprachlich darlegt. Nutzen Sie dazu auch die Übersicht über wichtige rhetorische Figuren hinten im Umschlag dieses Arbeitshefts.*

BASISWISSEN | **Darlegung der eigenen Position**

Sie haben verschiedene Möglichkeiten, Ihre Meinung zu positionieren. So können Sie der Autorin/dem Autor ganz oder eingeschränkt zustimmen oder eine andere, gegnerische Position vertreten. Letzteres erfordert einen begründeten Widerspruch, bei dem Sie eigene Beispiele anführen oder sich auch auf andere Meinungen beziehen.
Bei der Zustimmung sollten Sie mehr als nur die Position der Autorin/des Autors bejahen, sondern diese um weitere Aspekte ergänzen, die diese Haltung stärken. Sie können auch mögliche Gegenpositionen, die nicht im Text genannt sind, anführen und widerlegen.

Die textgebundene Erörterung verfassen

Bevor Sie eine textgebundene Erörterung anfertigen, sollten Sie einen Schreibplan erstellen, der die wichtigsten Gliederungspunkte Ihres Aufsatzes enthält.

ARBEITSTECHNIK | **Eine textgebundene Erörterung verfassen**

In der **Einleitung** führen Sie zum Thema des vorliegenden Textes hin. Ihre strukturierte Textwiedergabe nimmt den ersten Teil Ihres **Hauptteils** ein. Sofern Sie dies nicht in der Einleitung abgehandelt haben, machen Sie Angaben zum Text (Textart, Autor/-in, Publikationsorgan, Zeitpunkt der Veröffentlichung) und benennen das Thema. Dieser erste Teil ist die Grundlage für die Darstellung Ihrer Position, die dann im zweiten Teil des Hauptteils zu finden ist. Im **Schlussteil** können Sie beispielsweise Anregungen zum Umgang mit dem aufgeführten Problem geben. Sie können auch den Gedankengang der Einleitung wieder aufgreifen.

1 *Schreiben Sie Ihre textgebundene Erörterung, indem Sie die einzelnen Bestandteile Ihrer Ausführungen miteinander verknüpfen. Verwenden Sie ein gesondertes Blatt Papier.*

2 *Überprüfen und überarbeiten Sie Ihre Arbeit. Berücksichtigen Sie dabei auch die Hinweise zur sprachlichen Richtigkeit (siehe vordere Umschlaginnenseite).*

So schätze ich mich jetzt ein

Füllen Sie den Kompetenzcheck von S. 16 erneut aus.
Vergleichen Sie die Ergebnisse miteinander.

Kompetenzen individuell vertiefen

Wenn Sie nach zusätzlichen Trainingsmöglichkeiten suchen, haben Sie zwei Möglichkeiten: Sie arbeiten weiter mit dem Artikel von Vivian Pasquet oder befassen sich mit der folgenden Glosse von Andrea Gerk.

★ 1 Verfassen Sie einen Leserbrief an die Autorin Vivian Pasquet, in dem Sie darlegen, welchen Stellenwert das Thema für Sie hat.

2 Setzen Sie sich mit der Glosse „Lob der schlechten Laune“ von Andrea Gerk auseinander.
- Geben Sie die Hauptaussagen wieder und analysieren Sie die Argumentation.
- Nehmen Sie Stellung zu den Aussagen der Autorin.

Andrea Gerk: Lob der schlechten Laune

Glaubt man der boomenden Ratgeberliteratur, muss das Leben eine einzige Glücks-Spirale sein, die mit dem „Glücklichsten Baby der Welt“ beginnt und irgendwann im „Glücksfall Alter“ gipfelt. Glück und Zufriedenheit sind zum allgemeinen Pflichtprogramm erhoben – wer da nicht dauernd mitstrahlt, macht laut kollektiver Glücksformel etwas falsch.

„Wir leben in der Diktatur der Positivität“, schrieb der Journalist Tobias Haberl mal in der Süddeutschen Zeitung. „Alles Dunkle soll hell, alles Gefährliche abgeschafft, alles Triebhafte reguliert, alles Melancholische heiter gemacht werden.“ Die andere, schlecht gelaunte Hälfte passt nicht ins kollektive Wohlfühlprogramm und ist – wie Heimweh, Sehnsucht oder Langeweile – zu einer altmodischen Angelegenheit für komische Kauze geworden.

Dabei kann schlechte Laune eine Wohltat sein, ein Schutzschild angesichts der Zumutungen dieser Welt. Und die gibt es immer, auch wenn gar nichts Besonderes passiert. Eigentlich ist es dann sogar am allerschönsten, sich dieser Stimmung hinzugeben. Fährt einem der Bus vor der Nase weg, platzt die Einkaufstüte oder steht die betriebsinterne Weihnachtsfeier vor der Tür, ist es kein Kunststück, schlecht gelaunt zu sein. Derartige Allerwelts-Ärgernisse animieren allenfalls das unterste, anspruchsloseste Unmuts-Level.

Wer dagegen schon etwas Übung und Ausdauer mitbringt, weiß, dass schlechte Laune gerade dann am schönsten ist, wenn sie sich scheinbar grundlos einstellt: ein von milder Düsternis durchdrungener Echoraum auf die Beschwernisse des Daseins, ein heimeliger Zustand, geradezu meditativ und – anders als der schlechte Ruf der schlechten Laune nahelegt – häufig sehr erhellend und inspirierend. Genau wie die Langeweile, über die Walter Benjamin schrieb, sie sei „ein warmes graues Tuch, das innen mit dem glühendsten, farbigsten Seidenfutter ausgeschlagen ist“.

Abgesehen davon ist schlechte Laune die Grundtemperatur der unzufriedenen Schnelldenker, der besessenen (Lebens-)Künstler und Alltagsanarchisten, die äußerlich zwar griesgrämig, kantig und grau erscheinen mögen, in ihrem Inneren aber von einem funkelnden Feuerwerk angetrieben werden, siehe Arthur Schopenhauer[1] und Thomas Bernhard, Ekel Alfred, Josef Hader, Charlie Brown und – seit Daniel Craig ihn spielt – sogar Geheimagent 007 alias James Bond. All diese (Kunst-)Figuren kommen zwar mürrisch und missmutig daher, sind aber gerade deshalb ungeheuer komisch, meist sympathisch und immer ausgesprochen schlau.

Deshalb strahlen die meisten mürrischen Sturköpfe – besonders wenn sie diesen Habitus über Jahrzehnte mit Leistung, Fleiß und Verdiensten für die Gemeinschaft verknüpft haben – eine ungeheuer positive Autorität aus. Wer würde einer ständig kichernden Spaßbombe schon abnehmen, dass sie weiß, was das Richtige für einen – oder gar für ein ganzes Land – sein soll? Die unendliche Bewunderung, die dem verstorbenen Altbundeskanzler Helmut Schmidt widerfuhr (der wie ein über jeden Zweifel erhabener Weiser von seinen Untertanen verehrt wurde), hing nicht zuletzt mit seiner brummigen Art zusammen. [...]

Wer dieses Potenzial der „launichten Manier“, wie Immanuel Kant die willkürlichen Dispositionen des Gemüts nannte, erst einmal erkannt hat, wird mit anderen Augen durch die Welt gehen, sich womöglich seltener ärgern über die oft unangenehmen Umgangsformen der Missmutigen und sich stattdessen amüsiert fragen, was in der Giftspritze, die einen akut drangsaliert, womöglich steckt. Sitzt ein Urenkel Schopenhauers an der Supermarktkasse und ist der mürrische Schaffner ein Wahlverwandter Thomas Bernhards?

In diesem Sinne ist schlechte Laune ein kleiner Luxus in unserem ansonsten so reibungslos freundlich verlaufenden Alltag. Wie im Spiel, von dem Schiller sagte, nur darin erfahre der Mensch sein Wesen ganz, kann die schlechte Laune ein Stück Freiheit sein, eine Erfahrung des Menschseins in unserer zweckrationalen, stets effizienten Gesellschaft.

(Deutschlandradio Kultur, 01. 01. 2016)

1 Arthur Schopenhauer (1788–1860): deutscher Philosoph

KAPITEL 3

Kurzprosa interpretieren

Intro

Menschen und ihre Beziehungen zueinander sind ein Thema, das zu allen Zeiten interessant und spannend ist. Wie verändern sich Beziehungen, wenn die Zeit vergeht? Welches Bild macht man sich vom anderen?
Auf der Suche nach Antworten auf diese Fragen setzen Sie sich mit thematisch passenden literarischen Texten auseinander. Dazu gehört die folgende Kurzgeschichte.

Die Aufgabe

Interpretieren Sie die Kurzgeschichte.

Hugo Hartung (1902–1972): Gitte wartet auf der Brücke (1959)

Die Gäste des kleinen Seebades Aalsgaarde kannten das alte Fräulein, das bei gutem oder auch nur leidlichem Wetter an jedem Nachmittag auf die Landungsbrücke ging, und kannten auch seine Geschichte. Fräulein Svendsen war von zierlicher Gestalt, und das zarte Naturrot der Wangen mochte vor einem halben Jahrhundert nur eins von vielen Kennzeichen sprichwörtlicher dänischer Jungmädchenanmut gewesen sein. Ebenso lange war es wohl auch her, dass sie auf der Brücke zu warten begann …
Gitte Svendsen, als Tochter eines Rektors, war von Anbeginn selbst für die Schullaufbahn bestimmt gewesen, wie auch der um zwei Jahre ältere Kaufmannssohn Niels Sörensen von vornherein dem fundierten väterlichen Geschäft bestimmt worden war. Zum ersten Mal bewies er seinen rebellischen Charakter, als er sich heimlich mit der hübschen Junglehrerin verlobte, und zum zweiten Male handelte er wider Sitte und Vernunft, als er, 21 Jahre alt, in der frühen Dämmerung eines warmen Märzabends ein Boot bestieg und über den Oeresund ins nachbarliche Schweden hinüberruderte.
Gitte – an diesem Abend allein auf der Brücke – hatte ihm nachgewinkt, bis auf dem schwach bewegten Wasser der Jüngling und das Boot im diesigen Grau verschwanden. Ohne sonderliche Erregung ging sie zu ihrem Haus auf Solbakken hinauf; denn sie hatte noch den beruhigenden Klang von Niels' Abschiedswort im Ohr: „Ich komme wieder, wenn ich es zu etwas Richtigem gebracht habe.“ Und dieser junge Sörensen würde es zu etwas Richtigem bringen …
Nur die Zeit wurde lang darüber. Ein Jahr – das mag noch hingehen, aber ein Jahrfünft oder gar ein Jahrzehnt sind für einen jungen Menschen eine schlimme Wartefrist. Von 25 Jahren an wurde es dann wieder etwas leichter und danach hätte sich das Fräulein Svendsen den Abend ihres Berufstages kaum noch anders denken können, als dass sie auf die Brücke ging und über den Oeresund hinüberschaute; denn sie meinte, Niels müsse auf demselben Wege und zur gleichen Stunde zurückkehren, wie er fortgerudert war.
Es vollzog sich einiges in der Welt während dieser langen Wartezeit. Die Schiffe wurden größer, die auf dem Sund meerwärts oder vom offenen Meer dem Hafen der Hauptstadt entgegenzogen, und immer mehr glitzernde Küstenlichter spiegelten sich auf dem nächtlichen Wasser. Während sich drüben die schwedischen Wälder lichteten und auf den hellen, kahlen Stellen Villen und Sommerhäuser aufwuchsen, wurde auch das heimatliche Fischerdorf zum Badeort. Auf der asphaltierten Küstenstraße

fuhren immer mehr Autos, und eines Tages schwankte über dem Sund tollkühn das erste Flugzeug. Ein großer Krieg kam und später ein noch größerer, und zum ersten Mal wurde der freundliche Lebensstrom zwischen den befreundeten Ländern zur Grenze zwischen Krieg und Frieden, zwischen Finsternis und Licht. Dass nur in dunklen Nächten noch heimlich Boote an einsamen Uferstrecken anlegen konnten, verstörte Gitte Svendsen sehr …

Als der zweite Krieg beendet war, musste die alt gewordene Lehrerin den Schuldienst aufgeben. Der große Laden der Sörensens trug längst ein Firmenschild mit einem fremden Namen, und die Geschichte der ewig wartenden Braut wurde unter den Gästen des aufstrebenden Badeortes mit einer Mischung von Rührung und leichtem Spott kolportiert. Gitte Svendsen aber hörte nur das Wort: „Ich komme wieder, wenn ich es zu etwas Richtigem gebracht habe!“ Sie vernahm es umso deutlicher, je mehr die Sehkraft ihrer Augen nachließ, sodass sie die Insassen eines Bootes von drüben erst zu erkennen vermochte, wenn es schon das Haltetau um einen der schwarzen Brückenpfeiler geschlungen hatte.

So sah sie auch das schwere, von Chrom und dunkelblauem Lack glänzende Auto nicht, das eines Tages bis dicht an die Brücke heranfuhr. Ein mächtiger, etwas schnaufender Herr entstieg ihm und ging auf der Brücke dem rotwangigen greisen Fräulein entgegen.

„Sie sind also Gitte Svendsen?“, sagte nach einem befangenen Gruß der mächtige alte Mann. „Ja, ich bin Gitte Svendsen.“ „Sie warten auf Niels Sörensen?“ „Ja, ich warte auf ihn.“ Der Herr schnaufte wieder, ehe er weitersprach: „Ich kenne einen Niels Sörensen, Fräulein Svendsen!“ „Oh!“ – das alte Fräulein begann ein wenig zu schwanken, und das Rot ihrer Wangen glühte dunkler – dann tat es die entscheidende Frage seines langen Lebens: „Geht es ihm gut?“ „Ja“, sagte der Fremde, „es geht ihm gut, und ich denke, er wird bald nach Hause kommen.“ Er sprach das „nach Hause“ mit einem Beiklang, als wisse er, wie vieler Umwege es oft zu einem Heimweg bedarf.

„Aber“ – dem alten Fräulein schien mit einem Male der Gedanke unbehaglich zu sein, dass sein von schönen Erwartungen genährtes Leben nun noch eine Erfüllung finden könnte – „ist es denn auch wirklich Sörensen aus Aalsgaarde? Wie sieht er aus?“ „Ein wenig wie ich, Gitte Svendsen.“

Da schob sich die greise Lehrerin so dicht an den gewaltigen Herrn heran, dass sie seine kurzen Atemstöße in den weißen Löckchen spürte, und schaute mit ihren schwachen Augen in das volle, sich wulstende Gesicht. „Nein“, sagte sie, „dann ist er es nicht. Mein Verlobter war schmal, ein bisschen zu schlank eigentlich und mit sehr großen, brennenden Augen. Sehen Sie, so hat er ausgesehen.“ Und aus einem altertümlichen Pompadour[1] zog sie ein verblichenes, von vielen Sprungfältchen überzogenes Foto, das sie dem Fremden hinüberreichte. Der sah mit Rührung und Verwunderung das vergessene starre Bild eines Jünglings, das er nicht komisch finden konnte, obwohl dieser schmalbrüstige junge Mann einen seltsam geringelten Badeanzug trug, dessen röhrenförmige Beinansätze bis zu den Knien reichten. „Nein“, sagte der kurzatmige Herr, „das ist wirklich nicht der Sörensen, den ich kenne!“

Indes Niels Sörensen, der nie sonderlich große, brennende Augen gehabt hatte, mit seinem starken Wagen zur Schwedenfähre nach Helsingör zurückfuhr, lauschte die alte Gitte mit erwartungsvollem Lächeln dem Ruderschlag eines näher kommenden Bootes …

1 der Pompadour: beutelartige Handtasche

Diese Kompetenzen sind gefragt

1 *Kreuzen Sie an, wie Sie sich einschätzen.*

Kompetenzen	Das kann ich	Das kann ich teilweise	Das trainiere ich
den Inhalt und Aufbau eines Textes verstehen			
eine Inhaltsangabe zu einem literarischen Text verfassen:			
– eine Einleitung mit den Angaben zu Textsorte, Titel, Autor/-in, Erscheinungsort und Erscheinungsdatum sowie das Thema formulieren			
– den wesentlichen Inhalt im Hauptteil mit eigenen Worten kurz wiedergeben			
– Zusammenhänge klar formulieren			
– im Präsens formulieren			
– sachlich schreiben			
– direkte Rede in indirekte Rede umformulieren			
eine Textinterpretation schreiben:			
– Figuren charakterisieren			
– Beziehungen der Figuren zueinander erkennen			
– das Handeln der Figuren deuten			
– Aufbau und Gestaltung des Textes untersuchen und in Bezug auf die Textaussage interpretieren			
– sprachliche und erzähltechnische Mittel analysieren			
– Interpretationsergebnisse mit Zitaten aus dem Text belegen			
– im Präsens formulieren			
den Interpretationsaufsatz übersichtlich strukturieren:			
– durch Absätze gliedern			
– sinnvolle Übergänge zwischen Einleitung, Hauptteil und Schluss formulieren			
den Aufsatz im Hinblick auf sprachliche Richtigkeit überarbeiten			

Den Inhalt und Aufbau des Textes verstehen

1 *Wie wirkt dieser Text auf Sie? Notieren Sie Ihren ersten Leseeindruck.*

2 *Markieren Sie alle Informationen, die für das Verständnis des Textes wichtig sind.*

3 *Setzen Sie sich mit Ort, Zeit und Figuren des Textes auseinander. Nennen Sie*

a) den Ort,

b) relevante Zeitpunkte der Handlung,

c) die Figuren.

4 *Erläutern Sie, warum die Hauptfigur jeden Tag zur Brücke geht.*

5 *Beschäftigen Sie sich mit dem Thema des Textes.*

a) Notieren Sie die Textpassage, die den Höhepunkt der Handlung darstellt.

b) Formulieren Sie das Thema des Textes in einem oder zwei Sätzen.

6 *Beschreiben Sie den Textaufbau.*

Die Inhaltsangabe schreiben

Der Textinterpretation wird eine Inhaltsangabe vorangestellt.

1 *Fassen Sie den Inhalt des folgenden Textausschnitts zusammen.*

„Sie sind also Gitte Svendsen?“, sagte nach einem befangenen Gruß der mächtige alte Mann. „Ja, ich bin Gitte Svendsen.“ „Sie warten auf Niels Sörensen?“ „Ja, ich warte auf ihn.“ Der Herr schnaufte wieder, ehe er weitersprach: „Ich kenne einen Niels Sörensen, Fräulein Svendsen!“ „Oh!“ (Z. 52–55)

2 *Schreiben Sie die Inhaltsangabe zu der Kurzgeschichte „Gitte wartet auf der Brücke“. Nutzen Sie dazu die Ergebnisse der vorherigen Aufgaben.*

BASISWISSEN **Inhaltsangabe eines literarischen Textes**

Die Inhaltsangabe fasst die wesentlichen Aspekte eines Textes zusammen, ohne sie zu interpretieren. Sie ist in Einleitung, Hauptteil und Schluss gegliedert. Der erste Satz oder die ersten Sätze enthalten Angaben über den Titel, die Autorin/den Autor, die Textsorte sowie den Erscheinungsort und das Erscheinungsdatum. Auch das Thema wird benannt. Diese Informationen können auch in der Einleitung des gesamten Aufsatzes stehen. Dann folgen kurze Informationen über die Zeit, den Ort und die Atmosphäre des Geschehens, den Handlungsverlauf (ggf. den Textaufbau) sowie die handelnden Figuren und ihr Verhältnis zueinander. Die Inhaltsangabe wird im **Präsens** verfasst. Wörtliche Rede geben Sie indirekt wieder.

Die Textinterpretation vorbereiten

Figuren charakterisieren und ihr Verhalten deuten

Setzen Sie sich zunächst mit Gitte Svendsen auseinander.

1 *Beschreiben Sie diese Figur.*

2 *Notieren Sie Adjektive, die Gitte und ihr Leben beschreiben.*

3 *Erläutern Sie die Aussage „die Geschichte der ewig wartenden Braut wurde unter den Gästen des aufstrebenden Badeortes mit einer Mischung von Rührung und leichtem Spott kolportiert“ (Z. 41–43).*

4 *Erläutern Sie, warum es Gitte im Verlauf der Jahre leichter fällt, auf den Verlobten zu warten.*

5 *Interpretieren Sie die folgende Textstelle.*

„Aber“ – dem alten Fräulein schien mit einem Male der Gedanke unbehaglich zu sein, dass sein von schönen Erwartungen genährtes Leben nun noch eine Erfüllung finden könnte – „ist es denn auch wirklich Sörensen aus Aalsgaarde? [...].“ (Z. 60–62)

Charakterisieren Sie Niels Sörensen und interpretieren Sie sein Verhalten.

6 *Beschreiben Sie diese Figur. Gehen Sie dabei auch auf ihren Wandel ein.*

7 *Erläutern Sie, warum Niels Sörensen als rebellisch bezeichnet wird.*

8 *Deuten Sie Sörensens Abschiedsworte „Ich komme wieder, wenn ich es zu etwas Richtigem gebracht habe“ (Z. 17 f.).*

9 *Interpretieren Sie die Aussage „Er sprach das ‚nach Hause‘ mit einem Beiklang, als wisse er, wie vieler Umwege es oft zu einem Heimweg bedarf“ (Z. 58 f.).*

10 *Deuten Sie, warum sich Niels Sörensen nicht zu erkennen gibt.*

Erzähltechnische und sprachliche Mittel

BASISWISSEN	Erzählhaltung, Darbietung des Erzählens, Zeitgestaltung
auktoriale Erzählhaltung:	Der Erzähler hat einen Überblick über das Geschehen. Er weiß mehr als die Figuren, steht außerhalb des Geschehens.
personale Erzählhaltung:	Das Geschehen wird aus dem Blickwinkel einer Figur betrachtet, deren Gedanken und Gefühle prägen die Darstellung.
Ich-Haltung:	Das Geschehen wird vom Erzähler unmittelbar erlebt und in der Ich-Form übermittelt.
Innerer Monolog:	Die Figur gibt in der Ich-Form wieder, was sie denkt und fühlt.
Erzählbericht:	Das Geschehen wird durch den Erzähler vermittelt.
Erlebte Rede:	Gedanken und Gefühle einer Figur werden in der 3. Person wiedergegeben.
Erzählzeit:	Zeit, in der das Geschehen erzählt wird
Erzählte Zeit:	Zeitraum, in dem sich das Geschehen abspielt
Zeitraffung/Zeitdehnung:	Die Erzählzeit ist kürzer bzw. länger als die erzählte Zeit.
Zeitdeckung:	Die Erzählzeit und erzählte Zeit sind identisch.

1 *Setzen Sie sich mit den Merkmalen des Erzählens auseinander. Legen Sie dar,*

a) welche Erzählhaltung vorliegt,

___

b) wie das Erzählte dargeboten wird,

___

c) wie die Zeit gestaltet wird.

___

2 *Notieren Sie, wie die in Aufgabe 1 erarbeiteten Erzählformen auf die Leserin/den Leser wirken.*

___

___

___

___

___

___

3 *Analysieren Sie den Satzbau. Berücksichtigen Sie dabei das Basiswissen. Notieren Sie, welche Satzarten sehr häufig vorkommen und wie dies auf die Leserin/den Leser wirkt.*

BASISWISSEN **Satzbau**

Parataxe (Satzreihe): Hauptsätze werden aneinandergereiht. Dadurch werden die Aussagen nebeneinandergestellt und ihre Gleichwertigkeit wird betont.
Hypotaxe (Satzgefüge): Hauptsatz und Nebensatz bzw. Nebensätze werden miteinander verbunden. So wird der argumentative Zusammenhang hervorgehoben.

4 *Erschließen Sie die rhetorischen Figuren der folgenden Textstellen und deuten Sie deren Wirkung. Nutzen Sie dazu auch die Übersicht über wichtige rhetorische Figuren hinten im Umschlag dieses Arbeitshefts.*

„Zum ersten Mal bewies er seinen rebellischen Charakter, als er sich heimlich mit der hübschen Junglehrerin verlobte, und zum zweiten Male handelte er wider Sitte und Vernunft, als er, 21 Jahre alt, in der frühen Dämmerung eines warmen Märzabends ein Boot bestieg [...].“ (Z. 10–13)

„Während sich drüben die schwedischen Wälder lichteten und auf den hellen, kahlen Stellen Villen und Sommerhäuser aufwuchsen, wurde auch das heimatliche Fischerdorf zum Badeort.“ (Z. 30–32)

„[...] und zum ersten Mal wurde der freundliche Lebensstrom zwischen den befreundeten Ländern zur Grenze zwischen Krieg und Frieden, zwischen Finsternis und Licht.“ (Z. 34–36)

5 *Ergänzen Sie weitere rhetorische Figuren sowie sprachliche Besonderheiten der Kurzgeschichte und beschreiben Sie deren Wirkung.*

Die Textinterpretation schreiben

Die einzelnen Bestandteile zusammenfügen

Bevor Sie eine Textinterpretation anfertigen, sollten Sie einen Schreibplan erstellen, der die Gliederungspunkte Ihres Aufsatzes enthält (siehe auch hintere Umschlagklappe).

1 *Schreiben Sie Ihren Interpretationsaufsatz, in dem Sie die einzelnen Bestandteile Ihrer Ausführungen miteinander verknüpfen. Nutzen Sie Ihren Schreibplan und Ihre Analyse als Arbeitsgrundlage. Verwenden Sie ein gesondertes Blatt Papier.*

2 *Überprüfen und überarbeiten Sie Ihre Arbeit. Berücksichtigen Sie dabei auch die Hinweise zur sprachlichen Richtigkeit (siehe vordere Umschlaginnenseite).*

ARBEITSTECHNIK | **Eine Textinterpretation verfassen**

Halten Sie sich an das übliche Gliederungsschema: Einleitung, Hauptteil und Schluss. Die Einleitung Ihres Aufsatzes enthält Informationen zu Text und Verfasser. Beginnen Sie den Hauptteil mit der Inhaltsangabe. Die Ergebnisse Ihrer Interpretation fügen Sie mit den Erkenntnissen zusammen, die Sie aus der Analyse der erzähltechnischen und sprachlichen Mittel gewonnen haben. Für eine aussagekräftige sprachliche Erarbeitung ist es wichtig, die rhetorischen Figuren nicht nur aufzuzählen, sondern sie hinsichtlich ihrer Wirkung zu deuten. Im Schlussteil können Sie sich allgemein zum Text und zu der behandelten Thematik äußern, Kritik oder Ihre persönliche Leseerfahrung einbringen.

So schätze ich mich jetzt ein

Füllen Sie den Kompetenzcheck von S. 26 erneut aus.
Vergleichen Sie die Ergebnisse miteinander.

Kompetenzen individuell vertiefen

Wenn Sie nach weiteren Trainingsmöglichkeiten suchen, haben Sie zwei Möglichkeiten: Sie arbeiten weiter mit dem Text „Gitte wartet auf der Brücke“ oder interpretieren die Kurzgeschichte „Sechzehn“ (siehe unten).

★ 1 Niels Sörensen schreibt seinem Freund von dieser Begegnung. Verfassen Sie diesen Brief.

2 Setzen Sie sich mit der Kurzgeschichte „Sechzehn“ von Alexa Pukall auseinander.
- Geben Sie den Inhalt der Geschichte wieder.
- Interpretieren Sie die Kurzgeschichte.

Alexa Pukall (geb. 1988): Sechzehn (2015)

Mit sechzehn hätte sie alles für seine Aufmerksamkeit getan. Marcus Riedmüller – nicht der Star der Schule, nicht der Coolste der Coolen, nicht der schönste Junge auf der ganzen Welt. Nicht für andere, aber für sie. Jahrelang war sie ihm in den Schulfluren nachgeschlichen, unbemerkt und unerkannt, und jetzt war es Jahre später und er stand auf einmal vor ihr und lächelte sie an.

„Katja, oder?“, sagte er. Seine Stimme war tiefer geworden. Seine Schultern etwas breiter. Sein Lächeln so charmant wie eh und je. „Du warst in einer Parallelklasse.“
Sie war in allen seinen Fächern gewesen, damals in der allerletzten Reihe; schamrot und stotternd, wenn sie ein Lehrer auch nur ansprach. Mittlerweile war sie doppelt so alt und hatte gelernt, diesen Impuls hinunterzuschlucken.
„Marcus“, sagte sie mit fester Stimme.
Er grinste. „Hättest du Lust auf einen Kaffee oder so?“ Er nickte zu dem *Jahrestreffen*-Banner hinüber, unter dem sich ein paar ihrer früheren Klassenkameraden tummelten. „Meine Jungs von früher konnten nicht, und die Espressomaschine im Lehrerzimmer ist vorhin schon jämmerlich verreckt.“
„Einen Kaffee trinken gehen?“, sagte sie; über das plötzliche Rauschen in ihren Ohren hinweg.
Alles hätte sie für ihn getan. Sie hätte – hatte – sich die Haare gefärbt, die Wimpern gezupft, morgens heimlich auf dem Mädchenklo geschminkt und nach der Schule ebenso heimlich wieder ab. Durch reinen Zufall saß sie im Sommer auf der Wiese am Baggersee nie weit von ihm entfernt, das Gesicht hinter einem Buch und den Bikini unter einem übergroßen T-Shirt.
„Jepp.“ Marcus lächelte schief. „Wir könnten in die *Giraffe* gehen. Falls es die noch gibt. Ich war schon seit Ewigkeiten nicht mehr hier.“
Ihr Herz pochte. Mit sechzehn wäre sie in diesem Moment vermutlich in Ohnmacht gefallen wie eine viktorianische Dame, überwältigt von der plötzlichen Erfüllung all ihrer Träume. Damals wusste sie alles über ihn: seinen Geburtstag, seine Lieblingsfarbe, welche Bands blechern aus seinen schlecht isolierten Kopfhörern klangen. Sie wusste seine Noten und seine Lieblingsfächer und wo er seine Sportsachen kaufte.
Was sie nicht wusste: Worüber er im Kino lachte. Ob er rot wurde, wenn er seinen Eltern ein Mädchen vorstellte. Wie seine Lippen sich anfühlten oder seine Hände.
Damals hätte sie sich statt einer Antwort in seine Arme geworfen, und er hätte ihren Rücken gestreichelt und ihr Zärtlichkeiten zugeflüstert.
Jetzt zögerte sie. Sie sah sich um, aber niemand blickte in ihre Richtung. Ein Kaffee mit einem ehemaligen Schulkameraden, was war da schon Verwerfliches dabei? Er war ein attraktiver Mann. Sie war Single. Seit über zehn Jahren wartete sie schon auf diesen Moment. Auf den Moment, an dem er sie ansah und nicht einfach durch sie hindurch.
Einmal hatte sie sich getraut. Ein einziges, atemberaubendes Mal hatte sie tief Luft geholt, die zitternden Hände hinter dem Rücken versteckt und ihn gefragt, ob er mit ihr ein Eis essen gehen würde. Nicht bloß als Freunde. Nein, sie hatte sich ein blutendes Loch in die Zunge gebissen, um nicht noch mit den Worten herauszuplatzen, aber sie hatte sie nicht gesagt. Sie hätte nicht einfach eine Freundin für ihn sein können. Das hätte sie nicht überlebt.
Seine Kumpels hatten verhohlen gegrinst. Nichts gesagt, nein, aber beeindruckt waren die beiden nicht. Ihre Wangen brannten. Bestimmt lachte sie aus der Ferne jemand aus.
Aber das alles wäre ihr völlig egal gewesen, wenn Marcus sie bloß angelächelt hätte. Wenn er Ja gesagt hätte.
„Ja“, sagte er.
Er kratzte sich am Hinterkopf, während das Unvorstellbare geschah. Er wurde rot. Ihr Herz hämmerte. Sie verschränkte die schweißnassen Finger; wusste nicht, ob sie lächeln oder ernst bleiben sollte.
„Ja“, begann er aufs Neue. „Naja. Weißt du, wir kennen uns doch kaum.“

Ihr wurde erst kalt, dann heiß. „Ja“, sagte ihr Mund ohne ihr Zutun. „Gut. Danke.“ Sie ging. Sie sah sich nicht um, obwohl sie hören konnte, wie jemand hinter ihr flüsterte. Sie ging einfach nach Hause, obwohl sie noch drei Stunden hatte, schloss sich im Badezimmer ein und heulte Rotz und Wasser.

Ein Jahrzehnt später lächelte sie dünn. „Warum?“, fragte sie. „Nur aus Interesse. Wir haben doch nie wirklich miteinander gesprochen.“

Er grinste, fast verschämt. „Du hast mich inspiriert, damals, weißt du?“

Sie wusste es nicht. Er hatte noch nicht einmal auf dem Schirm, dass sie in seiner Klasse gewesen war. Vermutlich dachte er an ein völlig anderes Mädchen.

„Habe ich?“, sagte sie. Ihre Stimme war schwächer geworden.

Er nickte. „Du hast mich mal zu irgendwas eingeladen“, sagte er. „Das weißt du wahrscheinlich gar nicht mehr, oder? Standest auf einmal vor mir und hast mich gefragt, obwohl wir noch nie miteinander geredet hatten. Das hat mich total beeindruckt, weißt du? Dass du den Mut hast, dich einfach vor wildfremde Menschen zu stellen und zu sagen, ‚Hey, du gefällst mir, wie wärs?‘“

Sie hatte es nie als Mut betrachtet. Übermut, wenn man großzügig sein wollte, sonst bloß Verzweiflung. In den aussichtslosesten Momenten ihres Lebens hatte sie ihre Beobachtungsposten aufgegeben und sich in die Schlacht geworfen. Meistens hatte sie damit andere vor den Kopf gestoßen oder sich blamiert. Und manchmal hatte sie es geschafft, Dinge ins Rollen zu bringen. Brücken zu schlagen zwischen zwei Parteien, die meinten, sich nichts zu sagen zu haben. Wenn sie nichts mehr zu verlieren hatte, dann blühte sie auf.

Marcus, von ihrem Schweigen ermutigt, redete immer noch. „Studieren, arbeiten, das war halt nicht immer ganz so leicht, wie ich dachte. Und manchmal, wenn alles so richtig stressig wurde und ich dachte, ich schmeiße hin, dann bist du mir wieder eingefallen. Und dann habe ich mir gedacht, wenn diese kleine mausige Zehntklässlerin damals das konnte, dann kannst du das hier jetzt auch.“

Er lächelte. Er fragte nicht noch einmal, aber er sah sie erwartungsvoll an.

Es war an ihr, Ja zu sagen oder Nein.

Sollte sie Ja sagen, oder Nein?

Sie hatte im Leben was erreicht. Vielleicht nicht viel. Sie hatte keine Preise gewonnen. Es wurden keine Fotos von ihr in Zeitungen veröffentlicht. Aber sie hatte eine Arbeit, die sie erfüllte, und sie hatte mühselig genug Selbstvertrauen zusammengeklaubt, um Freunde zu haben und ihrer Chefin die Stirn zu bieten, wenn es sein musste. Und wenn sie zu ihm jetzt Ja sagte, wenn aus ihren Kinderträumen plötzlich doch noch etwas wurde – was, wenn sie wieder zu dem verschüchterten kleinen Mädchen wurde, das sie damals war? Konnte sie es riskieren, die letzten zehn Jahre über Bord zu werfen, nur um ihn doch noch zu kriegen?

Sie küsste ihn.

Ein einziger, flüchtiger Kuss, das Äußerste, was ihr sechzehnjähriges Selbst zu erträumen wagte. Für die ungeliebte, unglückliche Sechzehnjährige, die noch immer in ihr kauerte.

Dann lehnte sie sich zurück.

Er öffnete verdutzt die Augen.

„Weißt du“, sagte sie, „ich kenne dich doch kaum.“

KAPITEL 4

Eine Ganzschrift interpretieren

Intro

Romane ermöglichen es, Menschen über einen längeren Zeitraum zu begleiten und dabei ihre Entwicklung zu beobachten. Der Roman „Der Trafikant", der in Österreich spielt, setzt im Spätsommer des Jahres 1937 ein, als die Hauptfigur Franz Huchel siebzehn Jahre alt ist (siehe Text 1). Zu diesem Zeitpunkt stirbt Preininger, der Franz und seine Mutter finanziell unterstützt hat, und Franz geht nach Wien, um dort beim Trafikanten[1] Otto Trsnjek eine Ausbildung zu machen.
Im Winter 1937/38 hat Franz eine kurze Affäre mit Anezka. In dieser Zeit bemerkt er auch, dass Otto Trsnjek wegen seiner politischen Ansichten angefeindet wird. Die Nationalsozialisten sehen in ihm einen Feind des neuen Regimes. Nach zwei Anschlägen auf die Trafik mit Schmierereien und Zerstörungen wird Otto Trsnjek von der Polizei abgeholt. In dieser Zeit schreibt Franz an seine Mutter (siehe Text 2).

1 Besitzer einer Trafik, d.h. eines Kiosks mit Zeitschriften und Tabakwaren

Die Aufgabe

Interpretieren Sie die Textauszüge und ordnen Sie sie in den Gesamtzusammenhang des Romans ein.

Robert Seethaler: Der Trafikant (2013) (Auszüge)

Text 1 An einem Sonntag im Spätsommer des Jahres 1937 zog ein ungewöhnlich heftiges Gewitter über das Salzkammergut[1], das dem bislang eher ereignislos vor sich hin tröpfelnden Leben Franz Huchels eine ebenso jähe wie folgenschwere Wendung geben sollte. Schon beim ersten fernen Donnergrollen war Franz in das kleine Fischerhaus gelaufen, das er und seine Mutter in dem Örtchen Nußdorf am Attersee bewohnten, und hatte sich tief ins Bett verkrochen, um in der Sicherheit seiner warmen Daunenhöhle dem unheimlichen Tosen zuzuhören. Von allen Seiten rüttelte das Wetter an der Hütte. Die Balken ächzten, draußen knallten die Fensterläden, und auf dem Dach flatterten die vom dichten Moos überwachsenen Holzschindeln im Sturm. Von Böen getrieben, prasselte der Regen gegen die Fensterscheiben, vor denen ein paar geköpfte Geranien in ihren Kübeln ersoffen. An der Wand über der Altkleiderkiste wackelte der eiserne Jesus, als könnte er sich jeden Augenblick von seinen Nägeln losreißen und vom Kreuz springen, und vom nahen Ufer war das Krachen der Fischerboote zu hören, die von den aufgepeitschten Wellen gegen ihre Uferpflöcke geschleudert wurden.
Als sich das Gewitter endlich ausgetobt hatte und sich ein erster zaghafter Sonnenstrahl über die rußschwarzen, von Generationen schwerer Fischerstiefel ausgetretenen Dielen bis an sein Bett heranzitterte, rollte sich Franz in einem kleinen Wohligkeitsanfall zusammen, nur um gleich darauf seinen Kopf unter der Decke hervorzustrecken und sich umzuschauen. Die Hütte war stehen geblieben, Jesus hing noch immer am Kreuz und durch das mit Wassertropfen besprenkelte Fenster leuchtete ein einzelnes Geranienblütenblatt wie ein zartroter Hoffnungsschimmer.
Franz kroch aus dem Bett und ging zur Kochnische, um einen Topf Kaffee mit fetter Milch aufzukochen. Das Brennholz unter dem Herd war trocken geblieben und flammte auf wie Stroh. Eine Weile starrte er in das helle Flackern hinein, als mit einem jähen Kracher die Tür aufflog. Im niedrigen Türrahmen stand die Mutter. Frau Huchel

1 Ferienregion in Österreich, die in der Nähe von Salzburg liegt, ca. 250 km von Wien entfernt

war eine schmale Frau in den Vierzigern, immer noch ganz ansehnlich, wenngleich auch schon etwas ausgemergelt wie die meisten Einheimischen, denen die Arbeit in den umliegenden Salzminen, den Viehställen oder den Küchen der Sommerfrischlerwirtshäuser zugesetzt hatte. […]

„Bist nass geworden, Mama?“, fragte er und stocherte mit einem grünen Zweig im Herdfeuer herum. Die Mutter hob den Kopf, und da sah er, dass sie weinte. Die Tränen vermischten sich mit dem Regenwasser, und ihre Schultern bebten.

„Was ist denn passiert?“, fragte er erschrocken und stopfte den Zweig ins aufqualmende Feuer. Statt einer Antwort stieß sich die Mutter vom Türrahmen ab, kam mit ein paar unsicheren Schritten auf ihn zu, blieb dann aber mitten im Raum wieder stehen. Für einen Moment schien sie sich suchend umzusehen, dann hob sie mit einer hilflosen Geste ihre Hände und ließ sich nach vorne auf die Knie fallen.

Franz tat einen zögerlichen Schritt, legte seine Hand auf ihren Kopf und begann ungeschickt über ihr Haar zu streicheln.

„Was ist denn passiert?“, wiederholte er heiser. Plötzlich kam er sich seltsam und dumm vor. Bislang war es umgekehrt gewesen: Er hatte geheult, und die Mutter hatte ihn gestreichelt. Ihr Kopf unter seiner Handfläche fühlte sich zart und zerbrechlich an, unter ihrer Kopfhaut spürte er das warme Pulsieren.

„Er ist ertrunken“, sagte sie leise.

„Wer?“

„Der Preininger.“

Text 2 *Liebe Mama,*

das ist mein erster Brief an Dich. Und eigentlich nicht nur an Dich, es ist überhaupt mein erster. Was ich Dir nämlich alles schreiben will, passt gar nicht auf eine einzige Karte. Wobei ich im Moment schon wieder gar nicht mehr weiß, was genau ich eigentlich habe erzählen wollen. Und das ist jetzt wiederum typisch. In letzter Zeit funktioniert mein Kopf nicht mehr so, wie er soll. Als ob ihn jemand zwischen seine großen Hände genommen und ordentlich durchgeschüttelt hätte, so fühlt sich das an. Deswegen also erst einmal der Reihe nach und in aller Ruhe und von vorne: Bei uns in Wien ist es sehr schön. Nach dem langen Winter kommt der Frühling aus allen Löchern und Ritzen hervorgekrochen. Überall blüht irgendetwas. Die Parks sehen fast schon aus wie auf den Ansichtskarten, und aus jedem liegengebliebenen Pferdeapfel sprießt ein Maiglöckerl. Die Leute sind ganz verrückt, rennen herum wie kopflose Hendln und kennen sich nicht aus. Wenn Du mich fragst, liegt das nicht nur am Frühling, sondern vor allem an der Politik. Es sind komische Zeiten gerade. Oder vielleicht waren die Zeiten immer schon komisch, und ich habe es nur nicht bemerkt. Bis vor Kurzem war ich ja noch ein Kind. Und jetzt bin ich noch kein Mann. Darin liegt die ganze Misere. Und damit sind wir auch schon beim nächsten Thema angelangt: mit dem Mädelchen (ich habe Dir ja geschrieben!) ist es erst einmal oder endgültig doch nichts geworden. Frag nicht warum, es ist halt so. Vielleicht ist die Liebe nichts für mich. Vielleicht bin ich nichts für die Liebe. Ich weiß es nicht. Weißt Du es vielleicht? Weißt Du, ob ich zur Liebe tauge? Weißt Du, was die Liebe ist? Weißt Du überhaupt irgendetwas über die Liebe? Ehrlich gesagt, fühlt es sich ziemlich komisch an, die eigene Mutter solche Sachen zu fragen. Irgendwie genierlich. Aber auf die Entfernung geht es. Jedenfalls bin ich gespannt, was Du sagst. […]

Und jetzt geht es auch schon zu einer weiteren, leider ziemlich unangenehmen Angelegenheit: Der Otto Trsnjek ist nämlich krank geworden. Nicht schlimm, aber immerhin. Die Leber vielleicht, oder die Nieren, oder irgendeine andere Innerei. Wenn Du mich

fragst, ist es wegen dem ungesunden Essen. In Wien ist ja das Essen fast noch fetter als bei uns. Und mit nur einem Bein[1] kann man auch keine großen Sprünge machen, sportlich gesehen, meine ich. Jedenfalls bleibt er erst einmal ein paar Tage zuhause, und es muss abgewartet werden. Ich werde ihm in Deinem Namen eine gute Besserung wünschen, wenn es recht ist?
Liebe Mama, oft bin ich traurig und weiß warum. Oft bin ich aber auch traurig und weiß nicht warum, und das ist fast noch schlimmer. Manchmal wünsche ich mich selbst an den See zurück. Natürlich weiß ich, dass das nicht mehr so einfach geht. Ich habe schon zu viel gesehen und gerochen und geschmeckt. Ich weiß noch nicht wohin, aber es wird weitergehen. Und deswegen höre ich jetzt auf mit der Raunzerei. Ich trage nämlich wegen Otto Trsnjeks Abwesenheit ab sofort die vorübergehende Verantwortung eines geschäftsführenden Trafikanten und muss dementsprechend nach vorne schauen. Wenn Du möchtest, liebe Mama, sei stolz auf mich!
Dein Franz

1 Otto Trsnjek hat im Ersten Weltkrieg ein Bein verloren und geht deshalb an Gehhilfen.

Diese Kompetenzen sind gefragt

1 *Kreuzen Sie an, wie Sie sich einschätzen.*

Kompetenzen	Das kann ich	Das kann ich teilweise	Das trainiere ich
eine Romanexposition analysieren:			
– Inhalte und Aufgaben einer Exposition erläutern			
eine Textinterpretation schreiben:			
– eine Textstelle in den Gesamtzusammenhang einordnen			
– eine Inhaltsangabe zu einem literarischen Text verfassen			
– sprachliche und erzähltechnische Mittel analysieren			
– Aufbau und Gestaltung des Textes untersuchen			
– Figuren charakterisieren			
– das Handeln der Figuren deuten			
– die historisch-gesellschaftlichen Rahmenbedingungen einordnen			
– Interpretationsergebnisse mit Textzitaten belegen			
– den Interpretationsaufsatz übersichtlich strukturieren			
– sinnvolle Übergänge zwischen Einleitung, Hauptteil und Schluss finden			
– im Präsens formulieren			
einen Roman als Entwicklungsroman einordnen			
den Aufsatz im Hinblick auf sprachliche Richtigkeit überarbeiten			

Eine Romanexposition analysieren

1 *Markieren Sie alle Informationen, die Text 1 über Franz enthält.*

2 *Formulieren Sie einen ersten Eindruck: Wie schätzen Sie Franz ein?*

3 *Beschäftigen Sie sich mit Franz' Lebensumfeld.*

a) Notieren Sie die Informationen, die Sie über die Gegend erhalten, in der Franz wohnt.

b) Beschreiben Sie Franz' Lebensumstände.

c) Beurteilen Sie Franz' Verhältnis zu seiner Mutter.

4 *Deuten Sie, was sich aus diesem Textausschnitt über Franz' Charakter ableiten lässt.*

5 *Erläutern Sie, welche Wirkung die Gewitterszene zu Beginn des Romans auf die Leser/-innen hat.*

6 *Analysieren Sie die wesentlichen sprachlichen Mittel, die Seethaler zu Beginn des Romans (Z. 7–15) einsetzt, um das Gewitter zu beschreiben. Nutzen Sie dazu auch die Übersicht über wichtige rhetorische Figuren hinten im Umschlag dieses Arbeitshefts.*

7 *Legen Sie dar, welche Erzählhaltung vorliegt, und beschreiben Sie die Wirkung (vgl. Basiswissen Erzählhaltung, Darbietung des Erzählens, Zeitgestaltung, S. 31).*

BASISWISSEN **Exposition**

Zu Beginn des Romans werden die Leser/-innen in Zeit und Ort des Geschehens eingeführt, lernen die Ausgangssituation und die Hauptfiguren kennen und erhalten erste Informationen über die Atmosphäre und Konflikte der Romanhandlung. Das befähigt sie, der sich entfaltenden Handlung zu folgen und die Einzelelemente einzuordnen. Enthält die Exposition einen dramatischen Auftakt, dient dieser weniger der Informationsvermittlung als dazu, die Aufmerksamkeit der Leser/-innen auf das folgende Geschehen zu lenken.

Eine Textstelle einordnen und interpretieren

1 *Informieren Sie sich auf S. 42 und 43 darüber, wie sich die Romanhandlung weiterentwickelt. Ordnen Sie anschließend Text 2 in den Gesamtzusammenhang des Romans ein.*

ARBEITSTECHNIK | **Eine Textstelle in den Gesamtzusammenhang einordnen**

Ergänzend zu einer inhaltlichen Zusammenfassung der Textstelle wird zuerst die vorausgehende Handlung kurz zusammengefasst und anschließend dargestellt, wie sich die Handlung im Anschluss an die Textstelle entwickelt. Formal gelten die gleichen Kriterien wie für die Inhaltsangabe (Präsens, keine Zitate, keine wörtliche Rede). Durch die Einordnung einer Textstelle in den Gesamtzusammenhang demonstrieren Sie Ihre Kenntnis des gesamten Textes. Außerdem verfügen Sie damit über eine gute Basis für die Analyse und Interpretation der Textstelle. Vermeiden Sie eine Wiedergabe des gesamten Romaninhalts, sondern beschränken Sie sich auf die Geschehnisse kurz vor und nach der zu bearbeitenden Textstelle.

2 *Schreiben Sie eine Inhaltsangabe zu Text 2. Nutzen Sie dazu das Basiswissen auf Seite 28. Verwenden Sie ein gesondertes Blatt Papier.*

3 *Beschreiben Sie den Aufbau des Briefes.*

____

____

____

____

4 *Deuten Sie den folgenden Ausschnitt des Briefes vor dem Hintergrund der Geschehnisse. Warum verschweigt Franz die Wahrheit?*

„Der Otto Trsnjek ist nämlich krank geworden. Nicht schlimm, aber immerhin. Die Leber vielleicht, oder die Nieren, oder irgendeine andere Innerei. Wenn Du mich fragst, ist es wegen dem ungesunden Essen. In Wien ist ja das Essen fast noch fetter als bei uns. Und mit nur einem Bein kann man auch keine großen Sprünge machen, sportlich gesehen, meine ich.“ (Z. 26–30)

____

____

____

5 *Bestimmen Sie die rhetorischen Mittel, die in den folgenden Briefausschnitten eingesetzt werden, und beschreiben Sie die Wirkung, die damit erzielt werden.*

„[...] und aus jedem liegengebliebenen Pferdeapfel sprießt ein Maiglöckerl.“ (Z. 11 f.)

____

____

____

„Weißt Du es vielleicht? Weißt Du, ob ich zur Liebe tauge? Weißt Du, was die Liebe ist? Weißt Du überhaupt irgendetwas über die Liebe?“ (Z. 20–22)

6 *Beurteilen Sie Franz’ Brief.*

Einen Roman als Entwicklungsroman einordnen

1 *Recherchieren Sie, welche politischen Ereignisse Österreich im Frühjahr 1938 verändern.*

Während Otto Trsnjek gefangen gehalten wird und Franz allein die Trafik führt, fällt ihm auf, dass sich seine Kunden verändert haben.

Robert Seethaler: Der Trafikant (2013) (Auszug)

Text 3 Viele trugen nun braune Hemden, manche hatten Hakenkreuzbinden oder zumindest kleine Hakenkreuzanstecker am Kragen, und die meisten schienen öfter zum Friseur zu gehen als früher. Außerdem hatten sie ein seltsames Leuchten in den Augen. Ein irgendwie zuversichtliches oder hoffnungsfrohes oder beseeltes, im Grunde genommen aber auch ein eher dümmliches Leuchten war das, ganz genau konnte Franz das nicht auseinanderhalten, jedenfalls leuchteten sie und sprachen mit lauter, klarer Stimme. […] Es hörte sich an, als ob die Kunden erst jetzt wirklich wussten, was sie wollten, beziehungsweise immer schon gesucht hatten. Immer mehr Leute grüßten mit „Heil Hitler!“ und reckten dabei ihren Arm in die Höhe. Franz, dem das ein bisschen übertrieben vorkam, gewöhnte sich an, darauf mit einem unverbindlichen: „Danke, Ihnen auch!“ zu antworten.

2 *Erläutern Sie, welche gesellschaftlichen Veränderungen sich in Wien vollziehen.*

3 *Interpretieren Sie Franz' Reaktion auf diese Entwicklung.*

Franz bringt in Erfahrung, dass Otto Trsnjek von der Geheimen Staatspolizei gefangen gehalten wird, und versucht, ihn dort abzuholen. Dabei wird er zusammengeschlagen und verliert einen Schneidezahn. Drei Wochen später, am 17. Mai 1938, erhält Franz schriftlich die Nachricht, dass Otto Trsnjek einem Herzleiden erlegen sei. Beigefügt sind Trsnjeks persönliche Gegenstände, u. a. seine Hose mit dem für den amputierten Unterschenkel verkürzten Hosenbein. Wenige Tage später tauscht Franz nachts eine der Hakenkreuzfahnen auf dem Platz vor der Geheimen Staatspolizei gegen Trsnjeks Hose aus. Die Gestapo wird erst am nächsten Morgen darauf aufmerksam, nachdem Anwohner die Hose bemerkt haben. Am darauffolgenden Morgen wird Franz in der Trafik von denselben Polizisten abgeholt, die bereits Otto Trsnjek abgeführt haben.

Das Hotel Metropol am Morzinplatz in Wien, Hauptsitz der Gestapo

4 *Charakterisieren Sie Franz Huchel. Gehen Sie dabei auch darauf ein, ob sich eine Entwicklung seiner Persönlichkeit feststellen lässt.*

5 *Beurteilen Sie, ob es sich bei dem Roman „Der Trafikant" um einen Entwicklungsroman handelt. Nutzen Sie dazu die Informationen aus dem Basiswissen (siehe unten).*

BASISWISSEN | **Entwicklungsroman**

Der Entwicklungsroman verfolgt den Lebenslauf eines Individuums. Dabei geht es um die geistig-seelische Entwicklung der Hauptfigur durch die Verarbeitung existenzieller Erfahrungen. Diese Entwicklung vollzieht sich in Auseinandersetzung mit den historisch-gesellschaftlichen Gegebenheiten. In Deutschland wird dieser Romantyp häufig als Bildungsroman bezeichnet. Geht es um die Entwicklung einer Künstlerpersönlichkeit, handelt es sich um einen Künstlerroman.

So schätze ich mich jetzt ein

Füllen Sie den Kompetenzcheck von S. 38 erneut aus. Vergleichen Sie die Ergebnisse miteinander.

Kompetenzen individuell vertiefen

Wenn Sie nach weiteren Trainingsmöglichkeiten suchen, bearbeiten Sie die folgenden Aufgaben:

★ 1 Franz schreibt seiner Mutter einen weiteren Brief nach Otto Trsnjeks Tod. Verfassen Sie diesen Brief und begründen Sie anschließend die von Ihnen gewählte Art der Darstellung.

2 Interpretieren Sie die folgende Textstelle, in der Franz die Fleischerei Roßhuber aufsucht. Der Textauszug spielt an dem Tag, an dem Franz die Nachricht vom Tod Otto Trsnjeks erhalten hat.

Robert Seethaler: Der Trafikant (2013) (Auszug)

Als die Tür aufging und der Trafikantbub von nebenan hereinkam, hoben sie nicht einmal den Kopf, bückten sich nur umso gewissenhafter an die Maschine heran. Doch als Franz die kleine Schwingtür neben dem Eiskasten aufstieß und zu ihnen hinter die Theke kam, einfach so, ohne zu grüßen, ohne zu fragen, ohne überhaupt irgendetwas zu sagen, da stutzten sie, richteten sich auf, traten einen Schritt zurück und verschränkten ihre blutigen Unterarme vor ihren blutigen Schürzen.

„Was willst?", fragte der Fleischermeister und blickte auf die Bodenfliesen hinunter, wo das Blut und das Eiswasser zu seltsamen Schlieren zusammenliefen. Franz legte die Hose neben die fettigen Päckchen auf das Blech und sagte: „Die hat dem Otto Trsnjek gehört. Jetzt ist er tot."

Roßhuber wurde blass. Wie Marmor, dachte Franz, wie einer von diesen Marmorheiligen, die in den Kirchen herumstehen und die Leute mit ihren kalten Steinaugen anschauen: groß, blass und starr. Der Fleischer öffnete seinen kleinen Kindermund. Seine Zähne waren schmal und gelb, das Zahnfleisch rosig wie die Fleischwürmer, die hinter ihm noch immer aus der Maschine krochen. „Und was haben wir damit zu tun?", fragte er.

„Ihr habt seine Trafik beschmiert", sagte Franz. „Ihr habt ihn beschimpft. Ihr habt ihn verraten. Und ihr habt ihn erschlagen!" Der Fleischermeister hob seinen schweren Kopf und starrte Franz stumm gegen die Stirn.

„Jetzt sag halt was!", sagte seine Frau und wischte sich nervös ein paar Bröckchen Faschiertes[1] von den Armen. Roßhuber hob die Schultern, ließ sie wieder sinken, schnaufte, zupfte seine Schürze zurecht, stierte vor sich hin, schnaufte noch einmal, schwieg.

1 Hackfleisch

KAPITEL 5

Eine Rede analysieren

Intro

Sie planen als Vertreter Ihrer Klasse eine Rede zu Ihrer Abschlussfeier, sind jedoch noch etwas ratlos, was Inhalt und Form angeht. Bei Ihrer Suche nach Ideen stoßen Sie auf den folgenden Auszug einer Rede von Nora Gomringer, deren Ansprache an die Zielgruppe Sie inspirierend finden. Zudem erhoffen Sie sich durch die Analyse Hilfe bei der formalen und sprachlichen Gestaltung Ihrer eigenen Rede.

Die Aufgabe

Analysieren Sie den Redeauszug.

Nora Gomringer: Rede an die Jugend (Auszug)

[...] Liebe Jugend! Du merkst, ich spreche zwar zu dir, aber vor allem zu den Menschen, die dich hegen und pflegen. Zu den Eltern, den Geschwistern, den Lehrern, den Beschützern und Unterstützern. An denen und deren mentaler Stärke, an deren Weitblick und vor allem Einfühlungsvermögen liegt es, ob du zu großzügigen, weltoffenen Menschen werden kannst. Mit Zutrauen zu dir und der Welt. Wenn diese Anlagen nicht jetzt gelingen, dann wird es schwierig in der Zukunft, aber machbar. Ich habe viel darüber nachgedacht, dass ein Leben auch komplett als Gegenreaktion zu allem Erfahrenen gelebt werden kann. Aber es ist dies anstrengend, bis es zur Natur wird.

Liebe Jugend! Es gibt einen auf Beat gesprochenen Text vom Filmemacher Baz Luhrmann. Der hat, neben zahlreichen anderen Projekten, „Romeo und Juliet“ mit Claire Danes und Leonardo di Caprio gedreht. Vor ein paar Jahren hat er eine Rede an die Jugend bei einer Verabschiedung im College sprechen sollen: Er hat mit einer ganz einfachen Ermahnung begonnen, wiederholt sie aber im Text mehrfach: wear sunscreen. Cremt euch mit Sonnencreme ein. So einfach der Satz, so vergeblich oft der Appell in ihm. Wir vermeinen, eine ausreichende Schutzschicht für die Welt und die Sonne in ihr zu haben. Aber was, wenn so eine Schutzschicht aus Gedichten bestünde? Aus Liedern, die uns berührt, aus Bildern, die wir mit unseren Handys geschossen haben und die uns daran erinnern, dass wir alle mal jung gewesen sein werden. Wenn sie aus Zartheit wäre, aus allem Berührenden – auch dann sollte man sie doch unbedingt tragen. Sich jeden Tag mit ihr eincremen, damit man die Tage übersteht, sich keine Anomalie einstellen kann, man einen

Schutz fühlt. Luhrmann sagt sehr viele, sehr kluge Dinge in seiner Rede, die ich Ihnen allen ans Herz lege. Der Text heißt „Everybody's free to wear sunscreen“ und wurde 1999 zum ersten Mal veröffentlicht. [...]

Liebe Jugend! Ich sage nicht: lest mehr. Sage nicht: lernt mehr. Auch nicht: beeilt euch. Ich sage: seid. Seid in vollem Bewusstsein, dass alles, was ihr tut und unterlasst, Konsequenzen trägt. Und dass euch Zutrauen, Selbstbeobachtung und Demut von daher am weitesten tragen. Seid nicht schüchtern, nehmt euch vom Kuchen, aber fragt immer den zuerst, der ihn gebacken hat. Seid also höflich. Die klassische Art. Seid gut zu euch und zueinander. Werdet nicht zu hart, wenn ihr enttäuscht seid. Bleibt biegsam in Körper und Geist. Das nämlich ist immerwährende Modernität, Zeitlosigkeit. Geht verantwortungsvoll mit den Medien um, die euch verbreiten und in denen ihr euch Profile anlegt. Ihr seid und seid diese Person nicht, die ihr dort zeigt. Diese Dualität ist auch ein philosophisches Problem. Seid euch bewusst, dass das Netz nichts vergisst, ihr für immer darin eingewoben seid. Eure Daten, das seid ihr. Geht mit ihnen äußerst eigen um. Verteilt sie nicht an Menschen, die eure Gunst nicht verdienen.

Lächelt! Ihr werdet merken, wenn das äußere Lächeln eine innere Entsprechung findet, dann klingt ihr anders, geht ihr anders, könnt den Kopf aufrechter tragen, seid anziehender für die, die ihr beeindrucken und erreichen möchtet. Eine gute Freundin von mir starb in ihrem 25. Jahr. Ihr transplantiertes Herz hörte auf zu schlagen, der Abschied war schrecklich. Verblüffend ist, dass heute, 8 Jahre nach Annas Tod, ein Lächeln über die Züge aller spielt, die auf sie angesprochen werden. Anna ist für mein Lächeln und meine Veränderungsbewältigung zuständig. Bevor ich auf eine Bühne gehe, sende ich ein kurzes Stoßgebet an meinen Großvater Georg und an Anna, dass sie mir beistehen mögen, mir die Stellen mit ihrer Sonnencreme bedecken, die ich außer Acht gelassen habe.

Liebe Jugend! So viel möchte ich euch sagen, das Herz ist mir übervoll. Und wann bekommt man schon mal so eine Gelegenheit? Selbst als Autorin ist man da befangen. [...]
Liebe Jugend unter 20 und liebe Jugend drüber, ich wünsche dir so vieles.
Aber heute zunächst: einen besonders guten Abend! – Vielen Dank.

(In: Weilheimer Literaturpreis 2015. Weilheimer Hefte zur Literatur 71, S. 31–34)

Diese Kompetenzen sind gefragt

1 *Kreuzen Sie an, wie Sie sich einschätzen.*

Kompetenzen	Das kann ich	Das kann ich teilweise	Das trainiere ich
die Rede verstehen und wiedergeben:			
– den Inhalt der Rede erschließen			
– die Zielgruppe bestimmen			
– die Hauptgedanken wiedergeben			
– die Argumentationsstruktur erkennen und darstellen			
die inhaltliche Gestaltung der Rede analysieren:			
– die Beziehung zwischen der Rede und ihrer Entstehungszeit ermitteln			
– die Funktion bzw. beabsichtigte Wirkung der Rede beurteilen			
die sprachliche Gestaltung der Rede untersuchen:			
– die rhetorischen Strategien benennen			
– deren Funktion erläutern			
– die sprachlichen Mittel benennen			
– deren Funktion bzw. beabsichtigte Wirkung erklären			
– die Rede bewerten			
die Redeanalyse gestalten:			
– Inhalt, Form und Wirkung abschnittsweise erläutern			
– die Aussagen der Autorin/des Autors in indirekter Rede bzw. als ihre/seine Aussagen erkennbar wiedergeben			
– die Analyseergebnisse mit Zitaten oder anderen geeigneten Textverweisen belegen			
– im Präsens formulieren			
die Redeanalyse im Hinblick auf sprachliche Richtigkeit überarbeiten			

Die Redeanalyse vorbereiten

Die Rede verstehen

1 *Formulieren Sie das Thema des Redeauszugs in einem Satz.*

____

2 *Recherchieren Sie.*

a) Wer ist die Rednerin?

____

b) Was ist der Anlass der Rede?

____

c) Wo wird die Rede gehalten?

____

3 *Bestimmen Sie die Zielgruppe.*

____

4 *Unterstreichen Sie die Kernaussagen des Redeauszugs, unterteilen Sie ihn in Sinnabschnitte und geben Sie jedem Abschnitt eine Überschrift. Nutzen Sie dafür die rechte Spalte des Textes.*

5 *Markieren Sie die Thesen, die wichtigsten Argumente und ggf. Belege (vgl. S. 12 f. und S. 18) mit unterschiedlichen Farben.*

6 *Bewerten Sie, wie überzeugend die Argumente wirken.*

____

____

____

BASISWISSEN **Redeanalyse**

Bei der Analyse einer Rede sind folgende Fragen grundlegend:
- Was steht in der Rede/dem Redeauszug? (Inhalt und Argumentationsstruktur)
- An wen richtet sich die Rednerin/der Redner mit ihrer/seiner Rede? (Zielgruppe)
- Wie hat die Rednerin/der Redner wichtige Teile der Rede sprachlich gestaltet? (Form)
- Welche Wirkung will sie/er mit der inhaltlichen und formalen Gestaltung erzielen? (Funktion)

Zudem bewerten Sie die Qualität der Rede in Form eines Sachurteils (bezogen auf die objektiven Gestaltungskriterien) oder eines Werturteils (unter Einbeziehung der persönlichen Meinung).

7 ***Untersuchen Sie die sprachliche Gestaltung der Rede.***

a) Markieren Sie die verwendeten sprachlichen Mittel im Redetext.

b) Notieren Sie deren Funktion bzw. die beabsichtigte Wirkung stichpunktartig in der linken Spalte.

c) Analysieren Sie das Sprachniveau und den Satzbau.

____

____

____

BASISWISSEN – Rhetorische Strategien/Strategien der Beeinflussung

Aufwertung der eigenen Position, z. B. indem
- eine Wir-Gruppe gebildet wird, um ein Zusammengehörigkeitsgefühl zu erzeugen
- einer Wir-Gruppe positive Werte zugeschrieben werden, um sie aufzuwerten
- Angebote gemacht werden und Verantwortung übernommen wird, um guten Willen zu zeigen
- rationale Begründungen/Faktenargumente angeführt oder Autoritätsargumente eingesetzt werden, um zu überzeugen
- Ziele offengelegt werden, um zu motivieren
- aufwertende Begriffe oder bildhafte Ausdrücke aus positiv besetzten Bereichen verwendet werden, um positive Assoziationen zu erzeugen
- nur günstige Aspekte der Thematik dargestellt werden, um Positives hervorzuheben

Abwertung anderer/gegnerischer Positionen, z. B. indem
- dem Gegner Schuld zugewiesen wird, um sich selbst besser positionieren zu können
- abwertende Begriffe oder bildhafte Ausdrücke aus negativ besetzten Bereichen verwendet werden, um negative Assoziationen zu erzeugen
- Uneinigkeit in der gegnerischen Gruppe und fehlende Ziele unterstellt werden, um den Gegner als handlungs- und entscheidungsunfähig darzustellen
- gegnerische Aussagen verzerrt bzw. verkürzt werden, um sie abzuwerten

Dramatisierung, z. B. indem
- Angst verbreitet wird, um die Zuhörer/-innen auf die eigene Seite zu ziehen
- Übertreibungen eingesetzt werden, um sich Aufmerksamkeit zu sichern

Beschwichtigung und Ablenkung vom Thema, z. B. indem
- kritische Entwicklungen nicht angesprochen bzw. als unabwendbar dargestellt werden, um heiklen Fragen zu entgehen
- abwägende, einschränkende Formulierungen genutzt werden, um sie zu relativieren
- kritische Sachverhalte beschönigt werden, um sie zu verharmlosen

Die Rednerin/der Redner wählt die rhetorischen Figuren je nach ihrer/seiner rhetorischen Strategie. So werden z. B. Euphemismen eingesetzt, um kritische Sachverhalte zu beschönigen, Hyperbeln werden verwendet, um zu dramatisieren. Abwertende Metaphern dienen dazu, die Gegner negativ zu kennzeichnen (siehe auch „Übersicht über wichtige rhetorische Figuren“, hintere Umschlagseite).

8 *Schreiben Sie Beispiele für die eingesetzten rhetorischen Strategien heraus und ordnen Sie diese in die folgende Tabelle ein.*

Aufwertung	Abwertung	Dramatisierung	Beschwichtigung
„An denen und deren mentaler Stärke, an deren Weitblick und vor allem Einfühlungsvermögen […].“ (Z. 5ff.)			

9 *Werten Sie die Übersicht aus.*

a) Welche Strategie setzt die Rednerin vermehrt ein? Welches Ziel verfolgt sie dabei?

____

____

____

____

____

b) Welche Absicht verfolgt Nora Gomringer mit ihrer Rede?

____

____

____

10 *Beurteilen Sie die folgenden Aussagen über die Rede von Nora Gomringer und formulieren Sie Stichworte zur Begründung Ihrer Einschätzung.*

Das Thema passt zum Anlass.
☐ zutreffend ☐ nicht zutreffend ☐ nicht durchgängig zutreffend

Die Rednerin hat gute Argumente gebracht.
☐ zutreffend ☐ nicht zutreffend ☐ nicht durchgängig zutreffend

Die Rednerin kann ihre Meinung überzeugend vertreten.
☐ zutreffend ☐ nicht zutreffend ☐ nicht durchgängig zutreffend

Die Rede ist für die Zielgruppe verständlich gestaltet.
☐ zutreffend ☐ nicht zutreffend ☐ nicht durchgängig zutreffend

Die rhetorischen Figuren und die Strategien der Beeinflussung sind für die Zielgruppe angemessen gewählt.
☐ zutreffend ☐ nicht zutreffend ☐ nicht durchgängig zutreffend

11 *Verwenden Sie ein gesondertes Blatt und formulieren Sie auf der Grundlage Ihrer Beurteilungen aus Aufgabe 10*

a) ein begründetes Sachurteil über die Rede.

b) ein Werturteil über die Rede, in das Sie Ihre persönlichen Überzeugungen einfließen lassen, z. B. über die Aktualität des Inhalts der Rede.

Die Redeanalyse schreiben

Die einzelnen Bestandteile zusammenfügen

BASISWISSEN | **Eine Redeanalyse schreiben**

In der **Einleitung** ordnen Sie die Rede hinsichtlich der Redesituation (Rednerin/Redner, Ort und Zeit, Anlass, Zielgruppe) ein und benennen das Thema. Zudem schreiben Sie eine kurze, strukturierte Inhaltsangabe, in der Sie die Hauptgedanken und die Argumentationsstruktur der Rede knapp darlegen.
Im **Hauptteil** benennen Sie sowohl die sprachlichen Mittel als auch die Strategien der Beeinflussung. Zudem bestimmen Sie deren jeweilige Funktionen und erläutern diese.
Im **Schlussteil** nehmen Sie eine begründete Beurteilung und Wertung der Rede vor. Dabei sollten Sie die Position der Rednerin/des Redners, die Gestaltung sowie die Wirkung der Rede unter Einbeziehung der Zielgruppe berücksichtigen.

1 *Schreiben Sie die Einleitung. Beziehen Sie dafür alle in den Aufgaben 1–3 (S. 49) erarbeiteten Informationen mit ein. Verwenden Sie ein gesondertes Blatt.*

2 *Ordnen Sie Ihre Analyseergebnisse aus den Aufgaben 4–11 (S. 49–52) zusammenhängend nach Inhalt, Form und Wirkung. Verwenden Sie ein gesondertes Blatt.*

3 *Schreiben Sie den Hauptteil und den Schlussteil. Verwenden Sie ein gesondertes Blatt.*

So schätze ich mich jetzt ein

Füllen Sie den Kompetenzcheck von S. 48 erneut aus.
Vergleichen Sie die Ergebnisse miteinander.

Kompetenzen individuell vertiefen

Wenn Sie nach weiteren Trainingsmöglichkeiten suchen, haben Sie zwei Möglichkeiten: Sie schreiben selbst eine Rede oder beschäftigen sich mit der Loriot-Rede von S. 54 f.

★ 1 Schreiben Sie eine Rede für Ihre Abschlussfeier.

2 Analysieren Sie die Rede zur Begrüßung der Erstsemester an der Freien Universität Berlin am 10. Oktober 1999 von Vicco von Bülow alias Loriot.

Loriot: An die Jugend

Liebe Neuimmatrikulierte[1] und Studenten der FU Berlin,
hochverehrte Exzellenz,
hochverehrte Magnifizenzen[2] und Spektabilitäten[3],
verehrte Professoren und Dozenten,
MEINE DAMEN UND HERREN,
die Ausrichtung der diesjährigen Immatrikulationsfeier obliegt praktischerweise dem Fachbereich Humanmedizin. So können die angehenden Ärzte gleich einen verbreiteten Irrtum der Neuimmatrikulierten korrigieren: häufige Anwesenheit bei Vorlesungen gefährdet nicht die Gesundheit.

Das ist gut zu wissen. Immerhin hat man Euch jungen Menschen in dichter Folge ziemlich übel mitgespielt. Ihr wurdet entbunden, der Brust entwöhnt, in die Schule gezwungen, zum Abitur genötigt und wieder an die Luft gesetzt. Da seid Ihr nun und erwartet Kluges aus dem Munde älterer Männer. EINES ALTEN MANNES.

DER KANN

Die können sich auf verschiedene Weise blamieren. Zum Beispiel mit dem Versuch, nach Vollendung des 75. Lebensjahres eine Rede an die Jugend zu halten. Schon die schelmisch vorgetragene Behauptung „Ich bin auch mal jung gewesen“ wirkt ziemlich unwahrscheinlich. Das ist auch gar nicht zu beweisen. Wer hat denn schon gesehen, daß ich klein war? Niemand!

Glaubwürdiger ist doch, daß alte Menschen, sogenannte Großeltern, immer schon alt waren. Und in abgelegenen Teichen darauf warten, von Störchen aufgenommen und nach ruhigem Anflug dort abgeworfen zu werden, wo sie von Nutzen sind. Das leuchtet ein.

Aber wie funktioniert das mit Vater und Mutter? Es ist doch verhängnisvoll, daß Eltern früher auf die Welt kommen als ihr Kind. Dadurch entwickeln sie vorzeitig ein ungutes, durch nichts begründetes Überlegenheitsgefühl.

Kämen Eltern und Kinder gleichzeitig auf die Welt, wüchsen sie gemeinsam, in wohltuender Chancengleichheit in ihre Aufgaben hinein. Wieviel Verständnis hätte dann der Jugendliche für die Irrtümer seiner Eltern, wieviel nachsichtiger verliefe jede Meinungsverschiedenheit!

Nur wenn Vater, Mutter und Kind gemeinsam sprechen lernen, finden sie die nötige Gelassenheit für den Austausch pädagogischer Argumente.

Aber so weit sind wir eben noch nicht. Bis auf weiteres wird die Jugend, auch die neuimmatrikulierte, doch ziemlich allein gelassen mit der Frage „Wie erziehe ich meine Eltern zu ordentlichen, gebildeten Mitgliedern unserer Gesellschaft?“. Nicht einmal im Fachbereich Erziehungswissenschaft der FU findet sich ein entsprechender Studiengang.

Es ist sonderbar, aber Eltern sind auch Menschen und sie sind, was die Herstellung und Aufzucht von Nachwuchs betrifft, so was wie ungelernte Arbeiter.

Niemandem ist es erlaubt, ohne gründliche Ausbildung und Führerschein am Straßenverkehr teilzunehmen, aber zur Produktion eines Kindes – das angeblich Kostbarste, was eine Nation besitzt – bedarf es keiner Eignungsprüfung. Nicht einmal Abitur wird verlangt.

Kein Wunder, daß die sogenannten Erwachsenen hinsichtlich der Lebensgewohnheiten der Jugend völlig im Dunkeln tappen. Hier bedarf es behutsamer Nachhilfe.

Kinder sollten ihre Eltern rechtzeitig daran gewöhnen, abends nicht zu lange aufzubleiben. Quängelnde, übermüdete Erwachsene benötigen Ruhe, um für die Anforderungen des Lebenskampfes gerüstet zu sein, während die Jugendlichen den endlich freigewor-

1 Neuimmaktrikulierte: Studenten, die neu an einer Hochschule eingeschrieben sind (ugs. Erstsemester)
2 Magnifizenz: Titel des Rektors einer Hochschule
3 Spektabilität: Titel für den Leiter eines Fachbereichs an einer Universität

denen Wohnraum nutzen für entspannte Geselligkeit mit ihren gleichaltrigen Freunden. Eine wichtige Übung zur Formung des späteren Sozialverhaltens.

Vor allem sollte genügend Zeit zum Fernsehen bleiben. Die Universitäten neigen dazu, durch ein überreichliches Arbeitspensum das geregelte Fernsehen zu erschweren. Ihr aber solltet nicht nachlassen, vor allem die Werbung intensiv zu verfolgen, die ja leider alle paar Minuten durch unverständliche Spielfilmteile unterbrochen wird.

Dann wißt Ihr, was unser Leben so glücklich macht: nicht Wissen, nicht Bildung, nicht Kunst und Kultur … neinnein … es ist der echte Kokos-Riegel mit Knusperkruste, die sanfte Farbspülung für den Kuschelpullover und der Mittelklassewagen für die ganze glückliche Familie mit Urlaubsgepäck und Platz für ein Nilpferd.

KONSUM

Fundierte Kenntnisse von den Wunschzielen der deutschen Durchschnittsfamilie machen Euch nicht nur für Eure Eltern unentbehrlich. Auch die Industrie richtet sich nach Eurem Geschmack.

Ich betrat vor kurzem ein Schuhgeschäft, um mir ein paar leichte Sportschuhe zu besorgen. Die geduldige Verkäuferin ließ mich sämtliche lieferbaren Modelle anprobieren.

Schon auf den ersten Blick hatten alle eines gemeinsam: Ich sah aus, als sei ich in eine Sahnetorte getreten. Die Dame gab sich keine Mühe, das zu bestreiten, blieb aber ernst. Als ich ihr meine ebenso schönen wie zweckmäßigen Sportschuhe beschrieb, die ich bisher zu tragen pflegte, deutete sie an, zur Zeit dieser Mode noch nicht gelebt zu haben. Das war nicht galant, aber ich weiß nun, daß für Greise keine Sportschuhe mehr hergestellt werden. Es sei denn, Großeltern finden sich damit ab, wie verschrumpelte Mickymäuse auszusehen.

Nun sind Sportschuhe nicht das Maß aller Dinge. Wodurch aber bewegt sich unsere Welt? Wie sieht es im Reich der Elektronik aus?

Nicht nur Videorecorder, CD-Player, Autoradios, Taschenrechner und Fernbedienungen, auch Jumbo-Jets, Jagdbomber und Atomanlagen reagieren auf die Berührung einer Unzahl von Bedienungstasten, die für reifere Menschen auch mit Brille nicht erkennbar sind. Nur die Jugend ist mit Sinneswerkzeugen ausgestattet, denen sich die Gegenwartstechnik unterwirft.

Hinzu kommt, daß sich moderne Geräte in den Augen der älteren Generation so gut wie nicht mehr voneinander unterscheiden.

Wenn das Handy läutet und man hält den Rasierapparat ans Ohr, können Sekunden vergehen, die über Leib und Leben entscheiden. Von Zufall kann hier wohl nicht die Rede sein. Vielmehr soll dem als störend empfundenen älteren Menschen die Teilnahme am Fortschritt systematisch verleidet werden.

Ein übriges tut jene Sprache, die nur ein Jugendlicher beherrscht, der am Computer einsitzt, um per Internet eine verläßliche Kommunikationsschiene zum Sohn eines Börsenmaklers in Timbuktu aufzubauen. Da wird die Großtante in Ingolstadt wohl noch des längeren auf ein verständliches Lebenszeichen warten müssen.

Diese mürrische Betrachtung mag den Eindruck erwecken, als fühle ich mich nur der Vergangenheit verpflichtet. Das stimmt insofern, als ich, wie alle Väter und Großväter, zutiefst bedaure, meine Erfahrungen nicht weitergeben zu können, weil sie weder erwünscht sind, noch glaubhaft erscheinen.

So bleibt mir nur die Hoffnung, Ihr werdet nicht auf sämtliche Knöpfe drücken, die Euch eine schrankenlose Technik zur Verfügung stellt. Vielleicht seid Ihr dann die erste kluge Generation, die den wirklichen Fortschritt darin erkennt, nicht alles zu tun, was machbar ist. Ich danke Euch.

aus: Loriot: Gesammelte Prosa. Copyright © 2006 Diogenes Verlag AG Zürich

KAPITEL 6

Einen Dialog analysieren

Intro

Während Ihres Betriebspraktikums durften Sie bei der Auswertung von Mitarbeitergesprächen hospitieren. Das hat Sie neugierig gemacht.
Wie kann man (s)ein Anliegen überzeugend darstellen und somit sein Ziel erreichen? Worauf muss man achten? Setzen Sie sich mit dem folgenden Dialog auseinander, um Antworten auf diese Fragen zu erhalten.

Die Aufgabe

Analysieren Sie den Dialog unter Berücksichtigung kommunikationstheoretischer Aspekte.

Walter Benjamin / Wolf Zucker: Gehaltserhöhung?! Wo denken Sie hin! (1930) (Auszug)

[…] **CHEF** *brummig* Herein!

Es klopft noch einmal.

CHEF *brummig* Herein doch! Wie oft soll ich noch brüllen.

ZAUDERER *hastig und ängstlich* Ach, entschuldigen Sie, Herr Direktor, ich wollte nicht stören, – wenn Sie einen Augenblick Zeit haben.

CHEF Sehr gut, daß Sie von allein kommen. Ich muß mit Ihnen reden. So geht das nicht weiter. Hier habe ich den ganzen Tisch voll Reklamationen, hier aus Leipzig, aus Erlangen, hier aus Elburg und hier sogar aus Magdeburg, von unserem besten Kunden. So geht das nicht weiter. Reklamationen und Beschwerden, den ganzen Tag geht das so. Dem einen schicken Sie zu viel, dem andern zu wenig, der Magdeburger bekommt die Lieferung in Rechnung gestellt, die vor drei Monaten bezahlt worden ist. Also, wie denken Sie sich das, Herr Zauderer?

ZAUDERER *immer verwirrter* Ja, ich weiß nicht, ich habe morgens ja schon ein paar Sachen in der Post gesehen, aber ich kann mir gar nicht erklären, woran das liegt.

CHEF Also nehmen Sie es mir nicht übel. Das ist der Höhepunkt: Wozu sind Sie denn hier, wenn nichts klappt?

ZAUDERER Ja, ich weiß nicht, Herr Direktor, der neue Buchhalter macht Fehler über Fehler. Sie wissen doch, ich sitze ganze Nächte lang hier und arbeite die Belege durch. Sie können mir doch nicht Nachlässigkeit vorwerfen.

CHEF *ärgerlich, aber nicht ungeduldig* Also, lieber Herr Zauderer, ich will Ihnen mal was sagen. Setzen Sie sich dahin. So. Ich weiß, Sie sind ein vernünftiger Mensch, und ich weiß auch, daß Sie mich nicht betrügen. Deshalb halte ich Sie doch auch so lange in unserem Betriebe. Aber nun versetzen Sie sich mal in meine Lage: Ich habe den ganzen Tag, sooft die Post kommt, nichts als Ärger. Und was können Sie mir antworten: Ich bin nicht schuld, der Buchhalter macht Fehler. Sie wissen nicht, was gespielt wird. Und damit soll ich mich zufrieden geben? Sagen Sie selbst.

ZAUDERER Ja, da kann ich nichts antworten. Ich tue doch alles, um es besser zu machen. Mehr kann man doch nicht tun!

CHEF Das weiß ich nicht. Das ist Ihre Sache. Meinetwegen brauchen Sie nur zwei Stunden am Tag hier zu sein. Aber die Sache muß klappen. Das müssen Sie doch einsehen!

ZAUDERER Jawohl. – Aber, aber – *er zögert* – ich wollte ...

CHEF *etwas erstaunt* Ja, was ist denn noch dazu zu sagen?

ZAUDERER Dazu nichts, Herr Direktor, aber ...

CHEF Ja, das ist mir aber das Wichtigste. Alles andere ist mir egal.

ZAUDERER Ich wollte, ... ich wollte um Gehaltserhöhung bitten!

CHEF Was, das auch noch! Aber da hört denn doch Verschiedenes auf. Ich muß Ihnen seit Wochen Vorwürfe machen und Sie fordern Gehaltserhöhung?

ZAUDERER Ja, Herr Direktor, ich wollte ja nicht stören, aber ich komme mit meinem Gehalt nicht aus. Ich wollte um Zulage bitten.

CHEF Es ist mir unbegreiflich, wie Sie sich das vorgestellt haben. Gehaltserhöhung? Jetzt? In dieser Zeit? Und gerade Sie! Unverständlich!

ZAUDERER Herr Direktor, ich dachte ... jetzt ... ich wollte ja nur fragen, ob vielleicht, verstehen Sie doch bitte, daß ich mit diesem Gehalt nicht reichen kann.

CHEF Lieber Herr Zauderer, ich will Ihnen mal was sagen: Gehaltserhöhung kommt überhaupt nicht in Frage. Erstens ist jetzt wirklich keine Zeit dazu, zweitens bin ich mit Ihren Leistungen in letzter Zeit durchaus nicht zufrieden und drittens möchte ich Ihnen sagen, daß ich auch nur mit besonderer Rücksicht auf Sie von einem Abbau abgesehen habe.

ZAUDERER *etwas beleidigt* Ja, dann kann ich wohl gehen. Ich hatte ja gehofft, daß Sie, Herr Direktor, mich mehr verstehen würden. Wenn Ihnen es nicht genügt, wie viel ich arbeite, so muß ich wohl die Stellung in Ihrem Hause aufgeben.

CHEF *besänftigend* Reden Sie doch keinen Unsinn, Herr Zauderer. Ich sagte ja, daß ich persönlich nichts gegen Sie habe. Seien Sie doch nicht töricht, warum wollen Sie hier bei mir nicht bleiben. Woanders finden Sie jetzt bestimmt kein Unterkommen.

ZAUDERER *weinerlich* Ja, Herr Direktor, verzeihen Sie bitte, aber seit ich hier bin, werde ich ungerecht behandelt. Herr Meier, der mit mir zusammen in die Firma trat, verdient heute schon 70 Mark mehr als ich.

CHEF Na und. Die Gehaltszumessung ist doch wohl meine Sache. Lieber Freund. Ich rate Ihnen gut, machen Sie Ihre Arbeiten richtig und zuverlässig wie Herr Meier, dann werden Sie sich nicht ungerecht behandelt fühlen.

ZAUDERER Ja, ich tue doch ...

CHEF *sofort* Ich denke doch, daß wir damit die Unterhaltung abbrechen können. Guten Morgen!

ZAUDERER *ängstlich* Guten Morgen. *Eine Tür wird zugeschlagen.* [...] R

Diese Kompetenzen sind gefragt

1 *Kreuzen Sie an, wie Sie sich einschätzen.*

Kompetenzen	Das kann ich	Das kann ich teilweise	Das trainiere ich
den Dialog kurz zusammenfassen und gliedern			
die sprachliche Form analysieren:			
– rhetorische Figuren erkennen und ihre Wirkung bestimmen			
– Sprachvarietäten, Wortwahl und Satzbau analysieren und deuten			
Kommunikationsmodelle anwenden:			
– symmetrische und komplementäre Kommunikation erkennen			
– Sach- und Beziehungsebene unterscheiden			
– die Beziehung von Personen zueinander im Gesprächsverlauf beschreiben und interpretieren			
– Inhalts- und Beziehungsaspekte im Gesprächsverlauf erkennen und einordnen			
– analoge Gesprächssignale erkennen und deuten			
die Analyse schreiben:			
– die Intention eines Textes darstellen			
– eine Analyse auf Grundlage kommunikationstheoretischer Aspekte schreiben, die Inhalt und Intention des Dialoges wiedergibt			

Die Dialoganalyse vorbereiten

Inhalt und Aufbau des Textes verstehen

1 *Fassen Sie den Dialog kurz zusammen.*

2 *Gliedern Sie den Dialog unter Angabe der Zeilen in Abschnitte und formulieren Sie jeweils eine Überschrift.*

3 *Welche Ziele verfolgen die Gesprächspartner zu Beginn des Dialogs und erreichen sie diese am Ende des Gesprächs?*

a) Chef

b) Zauderer

4 *Untersuchen Sie, welche Informationen auf der Sachebene (vgl. Basiswissen, S. 60) übermittelt werden.*

Analyse der sprachlichen Form

1 *Analysieren Sie die Sprache des Chefs.*

a) Untersuchen Sie den Satzbau und die Anredeform.

b) Welche Wirkung erzielt er damit bei seinem Angestellten?

2 *Analysieren Sie die Sprache von Herrn Zauderer.*

a) Untersuchen Sie die Satzanfänge, die Anredeform und die Wiederholungen.

b) Welche Wirkung erzielt er damit bei seinem Chef?

c) Warum gelingt es ihm nicht, seinen Chef zu überzeugen?

BASISWISSEN | **Die Kommunikationstheorie Watzlawicks / Auswahl**

Jedes Verhalten in Kommunikationssituationen ist immer zugleich Ursache und Wirkung. Jede Kommunikation hat einen Inhalts- und einen Beziehungsaspekt.

Der **Inhaltsaspekt** umfasst die Übermittlung von Informationen, Daten und Fakten und präsentiert die **Sachebene,** auf der Kommunikation stattfindet. Konflikte in diesem Bereich sind relativ leicht zu lösen, da sie sich auf sachliche Probleme beziehen und dadurch meist durch Argumentation schnell zu beheben sind.
Der **Beziehungsaspekt** bringt die zwischenmenschliche Beziehung zwischen Sender und Empfänger zum Ausdruck (Beziehungsebene). Der Sender einer Mitteilung übermittelt dem Empfänger nicht nur Sachinformationen (Inhaltsaspekt), sondern auch immer eine Definition seiner selbst (Beziehungsaspekt). Hier werden die Gefühle der Kommunikationspartner und ihr Verhältnis zueinander offenkundig, wie z. B. Sympathie, Antipathie, Wertschätzung, Vertrauen oder auch Angst. Dabei geben besonders **analoge (nonverbale) Signale** wie Mimik und Gestik Hinweise darüber, wie eine Mitteilung aufgefasst werden kann.

Symmetrische und komplementäre Kommunikation
Wenn Menschen miteinander kommunizieren, können sie in einer **symmetrischen** oder **komplementären Beziehung** zueinander stehen. Im ersten Fall sind die Gesprächspartner **gleichrangig.** Ist das Verhältnis komplementär angelegt, dann nimmt je einer der Gesprächspartner die **höherrangige Primärposition** und der andere die **untergeordnete Sekundärposition** ein.
Komplementäre Beziehungen beruhen auf kulturell oder gesellschaftlich akzeptierten Rollenkonstellationen (Lehrer/Schüler, Mutter/Kind) und geben keinen Hinweis darauf, dass die Gesprächspartner stark oder schwach sind. Rollen werden uns oft durch soziale Normen des Zusammenlebens und formale Beziehungen aufgezwungen. Meist sind dies dann hierarchische Rollenkonzepte, wie z. B. Vorgesetzte/-r und Untergebene im Betrieb.

Analyse der Personenkonstellationen im Gesprächsverlauf

1 ***Untersuchen Sie die analogen Kommunikationssignale der Dialogpartner im Verlauf des Gesprächs.***

a) Ordnen Sie alle Regieanmerkungen in chronologischer Reihenfolge in die Tabelle ein (mit Zeilenangabe).

b) Was sagen diese analogen Kommunikationssignale über die jeweiligen Befindlichkeiten der Gesprächspartner im Gesprächsverlauf aus?

Zauderer	Chef

2 *Untersuchen Sie, ob die Gesprächspartner den Dialog auf der gleichen Ebene (Sach- oder Beziehungsebene) führen.*

3 *Untersuchen Sie die Redeanteile der Gesprächspartner. Handelt es sich um eine symmetrische oder eine komplementäre Kommunikation?*

4 *Welche Strategie hätte Zauderer anwenden müssen, um sein Anliegen durchzusetzen?*

Die Intention des Textes darstellen (Problemgehalt, Gesellschaftsbezug)

1 *Welches Problem wird in diesem Dialog aufgezeigt?*

2 *Recherchieren Sie.*

a) Welche wirtschaftlichen und politischen Umstände herrschten zur Entstehungszeit dieser Geschichte?

b) Welche Medien gab es zur Entstehungszeit dieses Dialogs?

3 *Walter Benjamin hat diesen Dialog als Radiohörspiel verfasst. Stellen Sie Vermutungen an, welche Zielgruppe er durch dieses Medium erreichen wollte.*

4 *Welche Intention hat der Autor? (Berücksichtigen Sie dabei Ihre Ergebnisse aus den Aufgaben 2a und 2b von S. 61.)*

Die Dialoganalyse schreiben

1 *Schreiben Sie die komplette Dialoganalyse unter Einbeziehung kommunikationstheoretischer Aspekte, indem Sie die einzelnen Antworten miteinander verknüpfen. Verwenden Sie dazu ein gesondertes Blatt.*

So schätze ich mich jetzt ein

Füllen Sie den Kompetenzcheck von S. 58 erneut aus. Vergleichen Sie die Ergebnisse miteinander.

Kompetenzen individuell vertiefen

Wenn Sie nach weiteren Trainingsmöglichkeiten suchen, haben Sie zwei Möglichkeiten:

★ 1 Der von Ihnen analysierte Dialog stammt aus dem Jahr 1930. Was müsste sprachlich verändert werden, wenn ein solcher Dialog in der heutigen Zeit geführt werden würde? Was würde ähnlich verlaufen? Entwerfen Sie einen aktuellen Dialog mit dem Ziel einer Gehaltserhöhung seitens des Arbeitnehmers. Achten Sie besonders auf Sprachvarietäten, Anrede, Beziehungsaspekte etc.

2 Analysieren Sie den folgenden Dialog unter Einbeziehung kommunikationstheoretischer Aspekte.

Walter Benjamin / Wolf Zucker: Gehaltserhöhung?! Wo denken Sie hin! (1930) (Auszug)

[...]

CHEF 'n Morgen, was gibt es Gutes, lieber Frisch?

FRISCH Darf ich einen Augenblick stören?

CHEF Was gibt es denn, hoffentlich nichts Unangenehmes? [...]

FRISCH – Darf ich mich setzen? Danke sehr. – Nein, die neuen Verbuchungen bewähren sich ausgezeichnet. Jeder Abruf vom Lager bekommt jetzt seine eigene Buchung, die vom Verwalter gezeichnet sein muß. [...]

[...]

CHEF Na hoffentlich, jedenfalls war es sehr vernünftig von Ihnen, sich da mal um die Expedition zu kümmern.

FRISCH Ja, das werde ich auch weiter tun.

CHEF Schön, ist das alles, was Sie mir sagen wollten?

FRISCH Nein, wenn Sie erlauben, ich habe noch eine Privatangelegenheit.

CHEF Was? Muß das jetzt sein? Sie sehen doch, ich habe den ganzen Tisch voll Post liegen, ich bin noch gar nicht zum Lesen gekommen.

FRISCH Ach, das tut mir leid. Aber ich will Sie nicht lange aufhalten. Nachher kommen doch die Herren vom neuen Werk in Zwickau, da ist dann sowieso keine Zeit. [...]

CHEF Ja, ja, sehr wichtig. Mir liegt sehr viel an dem Abschluß. Wir müssen das durchsetzen.

FRISCH Sie können sich auf mich verlassen, Herr Direktor.

CHEF Schön, also was gibt es bei Ihnen?

FRISCH Ja, – ich möchte um Gehaltserhöhung bitten.

CHEF Na, erlauben Sie mal, jetzt kommen Sie damit? Das finde ich ja sehr merkwürdig.

FRISCH Das tut mir leid, daß Sie das überrascht. Aber ich glaube, daß meine Arbeitskraft mehr wert ist, als Sie bisher dafür bezahlen.

CHEF Ich verstehe Sie gar nicht, Sie wissen doch selbst, daß wir dauernd abbauen, daß wir mit 25% mehr Personal arbeiten, als wir uns eigentlich leisten könnten, und da kommen Sie mit Gehaltserhöhungswünschen.

FRISCH Herr Direktor, wir können doch bitte in vollkommener Ruhe darüber sprechen. Ich möchte Ihnen sagen, warum ich mehr Geld brauche und warum ich glaube, daß die Firma mir mehr zahlen kann. Und wenn Sie anderer Ansicht sind, so bitte ich Sie, mir das zu erklären.

CHEF Ach was, Gründe. Wie viel Geld ich meinen Angestellten zahle, ist doch meine Sache. Sie wissen, daß ich durchaus für die Wünsche meiner Leute ein Ohr habe, aber so dürfen Sie mir nicht kommen.

FRISCH Wieso, Herr Direktor? Sie haben doch immer zu mir Vertrauen gehabt, wir haben doch die ganzen letzten Verhandlungen gemeinsam besprochen. Ich bitte doch nur, auch zu Ihnen das Vertrauen haben zu können, daß ich mit Ihnen über meine Dinge spreche. Nicht wahr?

[...] R

KAPITEL 7

Präsentieren

Intro

Ihre Schule nimmt an einem internationalen Austauschprojekt teil und ist Gastschule für das erste Treffen. Teilnehmer sind türkische und polnische Berufsschüler/-innen aus dem kaufmännischen Bereich, die seit einem Jahr Deutschunterricht (einstündig) erhalten. Ihr Schulleiter hat Sie als Mitglied der Schülerverwaltung gebeten, eine Präsentation für die Austauschschülerinnen und -schüler zu gestalten.

Die Aufgabe

Präsentieren Sie Ihr Schulgebäude.

Diese Kompetenzen sind gefragt

1 *Kreuzen Sie an, wie Sie sich einschätzen.*

Kompetenzen	Das kann ich	Das kann ich teilweise	Das trainiere ich
die Präsentation vorbereiten:			
– die beabsichtigte Wirkung/das Ziel bestimmen			
– die Zielgruppe bestimmen			
– Informationen und Medien auf die Zielgruppe abstimmen			
– die Präsentation formal planen (Einstieg, Hauptteil, Schluss)			
– die Zeit (für Vorbereitung und Recherche) einteilen			
Medien zur Präsentation nutzen:			
– Tafel/Plakat			
– Flipchart			
– Dokumentenkamera/Visualizer			
– Moderationswand/Pinnwand			
– Präsentationssoftware			
die Präsentation durchführen:			
– einen Ablaufplan erstellen und zur Strukturierung nutzen			
– mit Fragen aus dem Publikum souverän umgehen			
– ein Handout erstellen und den Zeitpunkt der Ausgabe bestimmen			
die eigene Präsentation im Nachhinein kritisch reflektieren			

Die Präsentation vorbereiten

1 *Machen Sie sich Notizen zu den örtlichen Gegebenheiten Ihres Schulgebäudes.*

ARBEITSTECHNIK **Eine Präsentation vorbereiten**

Bei der Vorbereitung helfen folgende Fragen:
- Warum soll präsentiert werden? (z. B. Informationen vermitteln, zum Kauf anregen)
- Wer ist die Zielgruppe? (Vorkenntnisse, Erwartungen der Teilnehmer/-innen)
- Welche Informationen wähle ich aus? Was soll die Zielgruppe wissen und behalten?
- Welche Medien sind geeignet, den Vortrag zu unterstützen?
- Wie viel Zeit steht mir zur Verfügung?

2 *Erstellen Sie eine persönliche Checkliste als Vorbereitung Ihrer Präsentation. Verwenden Sie bei der Auswahl auch Ihre Notizen aus Aufgabe 1.*

Aufgabenstellung/Ziel:

Zielgruppenanalyse:

Zeitvorgabe:

Auswahl der Inhalte:

Eigene Fachkompetenz:

Räumliche Gegebenheiten:

Medieneinsatz:

Den Einstieg vorbereiten

Mithilfe des folgenden Beispiels können Sie den Einstieg in die Präsentation üben:

Der Gemeinderat eines kleinen Touristenortes soll über eine neue Heizungsanlage entscheiden. Der Verkaufsleiter einer Firma, die Holzhackschnitzelheizungen herstellt, wird von dem Gemeinderat um einen Vortrag gebeten (Dauer 30 Minuten plus Diskussion). Durch seine Zielgruppenanalyse weiß er, dass einige Gemeinderatsmitglieder Vorbehalte gegenüber dieser Technologie haben und für eine Ölheizung sind. Der Verkäufer beginnt seinen Vortrag folgendermaßen:

„Sehr geehrte Damen und Herren, bei einem Spaziergang durch Ihren Stadtwald habe ich dieses Foto gemacht. Was hat dieser Baumstamm nun mit meinem Vortrag zu tun? Sehr viel!

1. Dieser Baumstamm bedeutet ungenutzte Energie direkt vor Ihrer Haustür. Beim Aufräumen zerhacken Ihre Mitarbeiter das Holz sowieso. Aus einem Abfallprodukt wird ein wertvoller Rohstoff, zum Nulltarif!“ (Der Verkaufsleiter legt Hackschnitzel unter den Visualizer, gleichzeitig gibt er vorbereitete Tüten mit nach Wald duftenden Hackschnitzeln an die Teilnehmer/-innen aus.)

„2. Dieses Holz gibt bei seiner Zersetzung das CO_2 genauso an unsere Atmosphäre ab, wie wenn wir es thermisch nutzten. Eine Hackschnitzelheizung ist somit ökologisch und energieneutral. Es gibt jedoch noch weitere Vorteile einer Hackschnitzelheizung, die ich Ihnen nun erläutern möchte: ...“

1 *Bewerten Sie den Einstieg und den Medieneinsatz des Verkaufsleiters. Begründen Sie mithilfe der Arbeitstechnik, was Ihnen positiv und was Ihnen negativ aufgefallen ist.*

____

____

____

____

____

____

____

BASISWISSEN | **Einstieg in eine Präsentation**

Diese Phase dient der Aktivierung und Motivierung des Publikums. Seien Sie deshalb als Vortragende/-r präsent. Stellen Sie sich und das Thema vor. Fangen Sie erst an, wenn die Zuschauer/-innen ruhig sind und sich auf Sie konzentrieren. Nur bei ungeteilter Aufmerksamkeit können Sie Interesse wecken, z. B. durch eine einleitende Frage oder durch witzige, widersprüchliche Aussagen oder Beispiele.

Für Vorträge bietet es sich an, den Zuhörerinnen und Zuhörern einen Überblick (Wegweiser) darüber zu geben, was sie in dem folgenden Vortrag erwartet. Meist ist dies eine Auflistung der wichtigsten Punkte des Vortrages. Oft wird der Ablauf auf einem Flipchart aufgelistet, was zudem den Vorteil hat, dass man wieder darauf verweisen kann. Bei einer digitalen Präsentation kann dies eine Folie „Gliederung“ sein. Bei Vorträgen bis zu 15 Minuten braucht man zum Einstieg keine Übersicht.

2 *Entwerfen Sie einen medienunterstützten Einstieg für Ihren Vortrag. Nutzen Sie dafür ein gesondertes Blatt Papier. Berücksichtigen Sie das Basiswissen (oben) und die Tabelle zu Vor- und Nachteilen verschiedener Medien (S. 70).*

Den Hauptteil vorbereiten

BASISWISSEN | **Hauptteil einer Präsentation**

Hier erfolgt die eigentliche, systematische Vermittlung der Inhalte. Berücksichtigen Sie dabei das in Ihrer Checkliste (S. 65) formulierte Ziel. Sie sollen nicht zeigen, was Sie alles wissen, sondern Ihre Zielsetzung verfolgen. Bei umfangreichen Themenbereichen bieten sich Teilzusammenfassungen an.

1 *Schreiben Sie mithilfe der Arbeitstechnik den Hauptteil Ihrer Präsentation stichwortartig auf. Nutzen Sie dafür ein gesondertes Blatt Papier. Prüfen Sie Ihre Inhalte hinsichtlich der Ziele und der Zielgruppe. Beachten Sie dabei die Zeitvorgabe.*

BASISWISSEN | **Schluss einer Präsentation**

Einstieg und Schluss behalten die Zuhörer/-innen am besten in Erinnerung. Planen Sie daher sorgfältig Ihre Schlussworte. Fassen Sie die Ihnen wichtigen Punkte nochmals zusammen. Wenn es sich anbietet, können Sie auch mit einer Pointe, einem Ausblick oder einem Zitat enden.

1 *Verfassen Sie den Schlussteil Ihrer Präsentation.*

____

____

____

____

____

____

Die unterstützenden Medien auswählen

Der Verkaufsleiter der Firma, die Holzhackschnitzelheizungen herstellt, hat folgenden Überblick am Anfang des Vortrags und folgende Zusammenfassung an dessen Ende präsentiert.

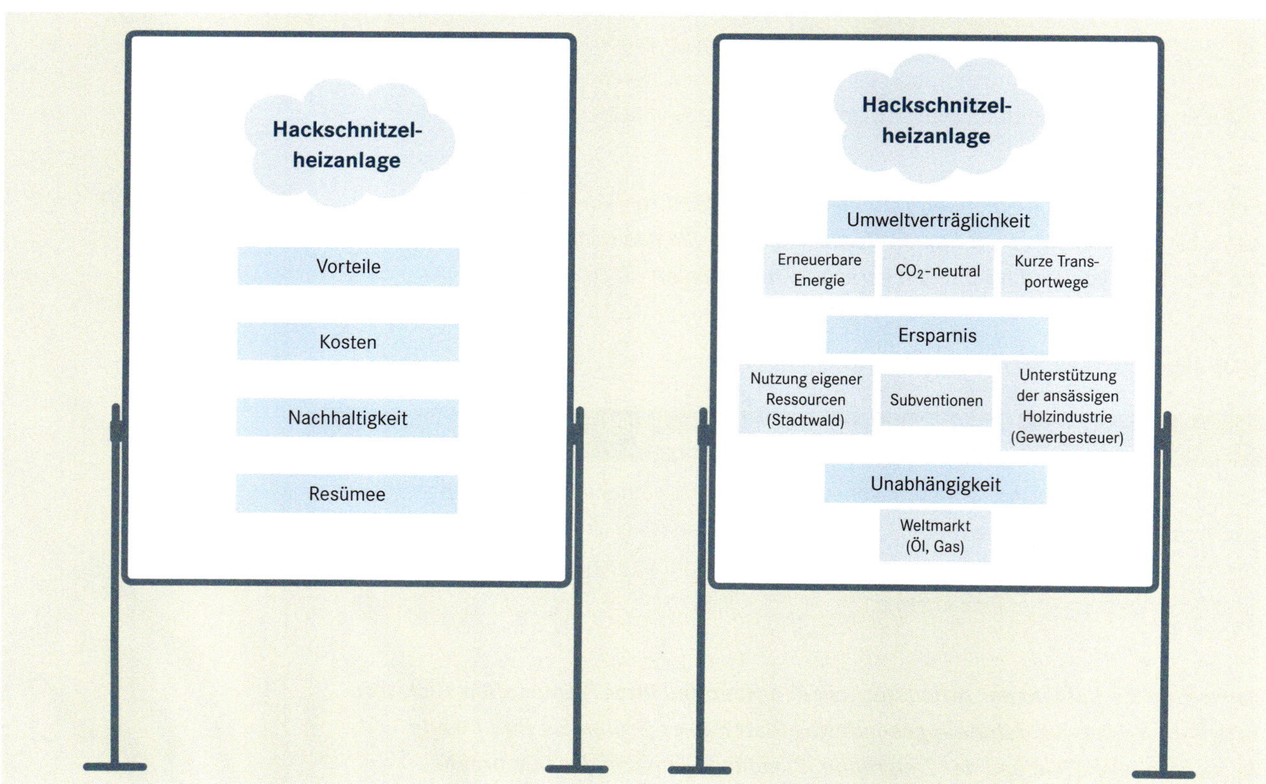

1 *Bewerten Sie den Überblick (Einstieg) und die Zusammenfassung hinsichtlich Gestaltung und Effizienz. Berücksichtigen Sie bei Ihrer Entscheidung vor allem das Basiswissen „Verschiedene Medien nutzen“.*

BASISWISSEN Verschiedene Medien nutzen

Eingesetzte Medien sollen Ihre Redebeiträge nicht ersetzen oder wiederholen, sondern unterstützen, indem sie
- Zusammenhänge verdeutlichen,
- Aufmerksamkeit erregen,
- strukturieren,
- bildhaft erklären,
- den Erklärungsaufwand verkürzen
- und Assoziationen hervorrufen.

Dabei ist ihr Einsatz kein Selbstzweck. Durch die Kombination von Wort- und Bildsprache werden beide Gehirnhälften (Intuition/Gefühl und Ratio/Logik) des Menschen angesprochen, sodass man sich besser an Sachverhalte erinnern kann. Während eines Vortrags nimmt die Aufmerksamkeit der Zuhörer/-innen ab. Durch die Visualisierung werden Impulse gesetzt und die Aufmerksamkeit wird erneut geweckt.

Dabei unterscheidet man die formale Gestaltung und die dafür eingesetzten Medien. Informationen können durch Texte, Abbildungen, Tabellen, Diagramme, Animationen, Videoclips unterstützt werden, die mittels Computer und Beamer, Flipchart, Metaplanwand bzw. Pinnwand oder Tafel visualisiert werden. Aufgrund räumlicher und technischer Gegebenheiten sind nicht immer alle Medien einsetzbar.

Für eine längere Präsentation bietet sich der Einsatz mehrerer Medien an, z. B. Flipchart für die Visualisierung des Ablaufs (roter Faden), Metaplanwand für Publikumsbeiträge oder -fragen, Beamer für den eigentlichen Vortrag.
Als Faustregel für die Zeitplanung beim Einsatz von Folien gilt, dass etwa drei bis vier Minuten Redezeit pro Folie einzuplanen sind. Bei einem 15-minütigen Vortrag sollten daher nicht mehr als drei Folien (dreimal vier Minuten und zusätzlich drei Minuten für die Einleitung und den Schluss) eingesetzt werden.

BASISWISSEN | **Vor- und Nachteile verschiedener Medien**

Medien	Vorteile	Nachteile	Teilnehmer (TN)	Tipps
Visualizer (auch Dokumentenkamera) und Tablet	leicht transportierbar; kann für Dokumente wie ein Overheadprojektor (OHP) genutzt werden, aber es können zusätzlich Buchseiten oder Modelle projiziert werden; flexibel einsetzbar; gute Bildqualität; zoombar; Ergebnisse sind als JPEG oder PDF verfügbar	Raum muss abdunkelbar und Projektionsfläche/Beamer müssen vorhanden sein; die TN konzentrieren sich auf die Projektionsfläche und nicht auf Sie	je nach Leinwandgröße bis zu 150 TN	sehr geeignet für bewegliche und kleine Anschauungsobjekte, z. B. im Physik- oder Technikunterricht; kann durch sukzessives Auflegen der Stichpunkte wie eine Pinnwand genutzt werden
Plakat	gut vorzubereiten und zu transportieren	Herstellung ist zeitaufwendig	ca. 10 TN	dunkle Hintergründe benötigen eine größere Schrift
Flipchart	Blätter sind gut zu transportieren; lassen sich später auch an eine Pinnwand hängen; man kann vor- und zurückblättern	sperrig; nicht überall vorhanden; saubere Handschrift ist erforderlich; nur für Stichpunkte bzw. kurze Sätze geeignet	bis ca. 30 TN wegen Lesbarkeit	nur bei leserlicher Handschrift geeignet; Druckbuchstaben mit Groß- und Kleinbuchstaben verwenden; Farben sparsam verwenden
Laptop mit Beamer/ Multimedia/ Präsentationssoftware	wirkt sehr professionell; Reihenfolge ist variierbar; viele Gestaltungsmöglichkeiten (Film, Ton, Animation); gut vorzubereiten	Raum muss abdunkelbar und Projektionsfläche muss vorhanden sein; technisch aufwendig und daher anfällig; digitale Präsentationen werden sehr oft eingesetzt, daher Gewöhnungseffekt bei TN (Kinomodus)	je nach Leinwandgröße bis zu 150 TN	max. 1024 x 768 Auflösung für die Abbildungen wählen (wegen Bildqualität Beamer); man sollte sich nicht nur auf dieses Medium verlassen, da technische Pannen möglich sind
Metaplan-/ Pinnwand	flexibel; sehr übersichtlich; Möglichkeit, Karten neu zu ordnen; bei aktiver Publikumsbeteiligung gut zum Clustern geeignet	braucht Zeit; wirkt leicht unordentlich; vorgefertigte Karten (Wolken etc.) sind teuer	ca. 35 TN	dünne Fäden für Fluchtlinien ziehen – das erleichtert das akkurate Anbringen

2 *Erstellen Sie für Ihre Präsentation einen Überblick und eine Zusammenfassung mit einem Medium Ihrer Wahl. Notieren Sie zunächst:*

Ideen für den Überblick

Ideen für die Zusammenfassung

Mögliche Reaktionen (positive und negative) Ihrer Zuschauer/-innen

3 *Fassen Sie Ihre bisherigen Arbeitsergebnisse für die Präsentation Ihres Schulgebäudes in einem Ablaufplan übersichtlich zusammen. Verwenden Sie dafür ein gesondertes Blatt Papier. Beispiel für einen Ablaufplan:*

Vortragsschritt	Inhalt	Medien	Zeit in Minuten	Bemerkungen
Begrüßung	Vorstellung der eigenen Person, Begrüßung des Publikums	Flipchart S. 1	3'	Herrn Krämer besonders erwähnen
...	...	...	...	...

Die Präsentation durchführen

Folgende Tipps können Ihnen helfen, Ihre Vortragstechnik zu verbessern.

ARBEITSTECHNIK | **Vortragstechnik**

Sprechen Sie möglichst frei. Ein frei gesprochener Vortrag wirkt lebendiger. Bei starkem Lampenfieber, gerade zu Beginn Ihres Vortrags, wäre es sinnvoll, die Anfangssätze auswendig zu lernen. Sprechen Sie langsam und verständlich in einfachen, kurzen Sätzen, modulieren Sie Ihre Stimmlage (Tonhöhe und Lautstärke), halten Sie Kontakt zum Publikum (Blickkontakt, auf Reaktionen achten). Unterstreichen Sie Ihre Aussagen durch angemessene Gestik und Mimik. Direkte Zwischenfragen zum Thema beantworten Sie sofort, bei komplexeren Fragen verweisen Sie auf später. Um die Vortragszeit besser einhalten zu können, erstellen Sie einen genauen Ablaufplan, eine Art „Drehbuch" mit Zeitangaben (siehe unten). Notieren Sie sich Stichpunkte auf durchnummerierten Moderationskarten. Am besten wählen Sie für die einzelnen Gliederungspunkte verschiedene Farben, das erleichtert es Ihnen, den Überblick zu behalten.

Ein Ablaufplan kann Ihnen bei der Koordination von Medien und Sprachanteil Ihres Vortrags helfen.

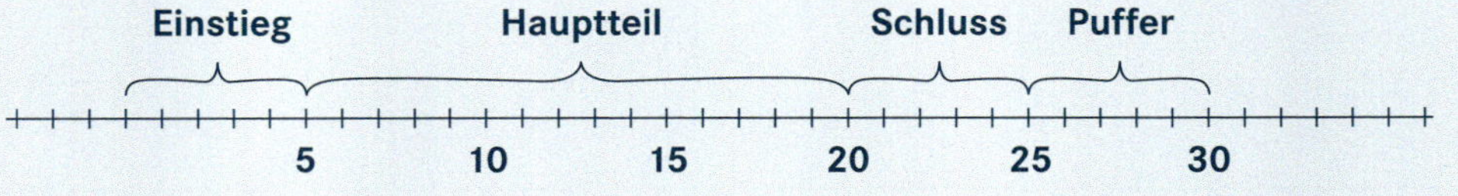

1 *Erstellen Sie eine Zeitleiste, in der Sie die Dauer der einzelnen Vortragsteile einzeichnen. Anschließend ordnen Sie Ihre Medien den passenden Redebeiträgen zu. Verwenden Sie dazu ein gesondertes Blatt.*

2 *Tragen Sie Ihre Präsentation einem privaten Publikum vor (Eltern, Freunde), lassen Sie sich ein begründetes Feedback geben und überarbeiten Sie ggf. Ihre Präsentation.*

Das Handout als Unterstützung der Präsentation

Ein Handout informiert die Zuhörer/-innen in Kurzform über ausgewählte Inhalte des Vortrags.

BASISWISSEN | **Handout**

Handout, Tischvorlage oder Thesenpapier werden oft synonym als eine Art Sammelbegriff verwendet, obwohl streng genommen Unterschiede bestehen.
- Mehrseitige Informationen werden meist als Tischvorlage bezeichnet, die neben Textanteilen auch Schaubilder, Grafiken und Thesen enthalten darf.
- Ein Thesenpapier gibt die Meinung der/des Präsentierenden wieder, indem es ihre/seine Beurteilungen über ein Thema in thesenartiger Kurzform zusammenfasst.

Das Handout kann vor, während oder nach einem Vortrag verteilt werden. Vor dem Vortrag ausgeteilt, entlastet es die Zuhörer/-innen, da sie nicht alles mitschreiben müssen und sich auf den Vortrag konzentrieren können. Nach dem Vortrag ausgeteilt, verhindert es, dass die Aufmerksamkeit der Zuhörer/-innen für den Vortrag nachlässt.

1 *Ergänzen Sie die folgende Checkliste, falls die jeweiligen Angaben für Ihre Präsentation relevant sind.*

Titel des Vortrags

____

Stichwortartig alle wichtigen Inhalte (bei längeren Präsentationen evtl. mit Gliederung)

____

____

____

____

____

____

Längere Zitate, Definitionen oder Begriffserklärungen

____

____

Abbildungen

____

Ort, Datum

____

Bibliografie (vgl. S. 94 f.) der verwendeten Literatur. Verwenden Sie hierfür ein gesondertes Blatt.

So schätze ich mich jetzt ein

Füllen Sie den Kompetenzcheck von S. 64 erneut aus.
Vergleichen Sie die Ergebnisse miteinander.

Kompetenzen individuell vertiefen

Wenn Sie nach weiteren Trainingsmöglichkeiten suchen, haben Sie zwei Möglichkeiten:

★ 1 Erstellen Sie einen Bewertungsbogen für die Beurteilung einer Präsentation.

2 Ihre Schule plant in zwei Monaten einen Tag der offenen Tür. Präsentieren Sie Ihren Bildungsgang (Dauer: 20 Minuten plus Fragerunde).

Materialgestützt schreiben

Intro

Ihre Klasse nimmt an einem landesweiten Projekt „Mobilität und Ökologie - ein unvereinbarer Gegensatz?“ teil. Im Rahmen dieses Projekts soll auch Ihre Klassenfahrt stattfinden. Sie bekommen den Auftrag, ein Informationsblatt zu einer ökologischen Klassenfahrt für Ihre Mitschüler/-innen zu erstellen. Dieses Informationsblatt soll als Grundlage dienen, wenn Sie in der Klasse darüber diskutieren, wo die Reise hingehen und wie sie gestaltet werden soll. Bei Ihrer Recherche sind Sie auf die folgenden Materialien gestoßen.

Die Aufgabe

Erstellen Sie ein Informationsblatt (maximal zwei DIN-A4-Seiten) zum Thema ökologische Klassenfahrt. Benennen Sie Gründe, Kriterien und Auswirkungen auf die Planung.

M1 Globaler Tourismus in globaler Verantwortung

Der Tourismus spielt auf globaler Ebene eine ambivalente Rolle:
Er ist einer der bedeutendsten und am stärksten wachsenden Wirtschaftssektoren weltweit – in vielen Ländern des globalen Südens, gerade in einigen wirtschaftlich weniger entwickelten Ländern und besonders den kleinen Inselstaaten, ist er die Hauptdevisenquelle und ein Motor für die wirtschaftliche Entwicklung.
Weltweit hängt etwa jeder elfte Arbeitsplatz direkt oder indirekt vom Tourismus ab. Der Tourismus hat damit das Potenzial, positive wirtschaftliche Impulse zu setzen. Gleichzeitig sind die rund 280 Millionen Jobs, die weltweit direkt und indirekt dem Tourismus zugerechnet werden, vielfach geprägt von prekären Arbeitsbedingungen und Saisonalität. Viele davon sind im informellen Sektor ohne jegliche Rechtssicherheit angesiedelt.
Die ökologischen Auswirkungen des Tourismus schlagen global gesehen negativ zu Buche: Insbesondere die Anreise mit dem Flugzeug verursacht mehr CO_2-Emissionen als alle Aktivitäten vor Ort, mit gravierenden Auswirkungen für den Klimawandel. Das Institut für Flughafenwesen und Luftverkehr belegt in seinem Luftverkehrsbericht, dass der jährliche weltweite Passagierverkehr zwischen 2009 und 2014 um ein Drittel gestiegen ist – von rund 2,5 Milliarden auf fast 3,3 Milliarden beförderte Personen pro Jahr. Der Anteil des Flugverkehrs an den globalen CO_2-Emissionen liegt gegenwärtig bei fünf Prozent. Ohne deutliches Gegensteuern wird sein Anteil bis 2050 auf 22 Prozent ansteigen, errechnet eine kürzlich veröffentlichte Studie für das Europäische Parlament.
Ein hoher Verbrauch von Ressourcen wie Wasser, Land und Lebensmittel kann Verteilungskonflikte auslösen. Gleichzeitig kann der Tourismus Naturpotenziale in Wert setzen und so zu ihrem Erhalt beitragen. Und auch im sozialen und kulturellen Bereich wird deutlich, dass der Tourismus positive und negative Veränderungen bewirkt: Während auf der einen Seite Fischer und Bauern ihr Einkommen verbessern können, wenn sie ihre Produkte an Hotels und Restaurants verkaufen, droht ihnen auf der anderen Seite Vertreibung, wenn Strände privatisiert, Flughäfen oder Hotelanlagen gebaut werden.

Global gesehen setzen Tourismusverantwortliche noch nicht konsequent auf einen nachhaltigen Pfad: Der vorherrschende Tourismus ist ressourcen- und emissionsintensiv – mit steigender Tendenz. [...] Auf Seite der Reisenden ist der Trend zum „schneller, öfter, weiter" ungebrochen und befeuert diese Negativentwicklung weiter. [...]

(In: Profil 20, Standpunkt – Tourismuswende. Berlin, März 2016, S. 5)

M2

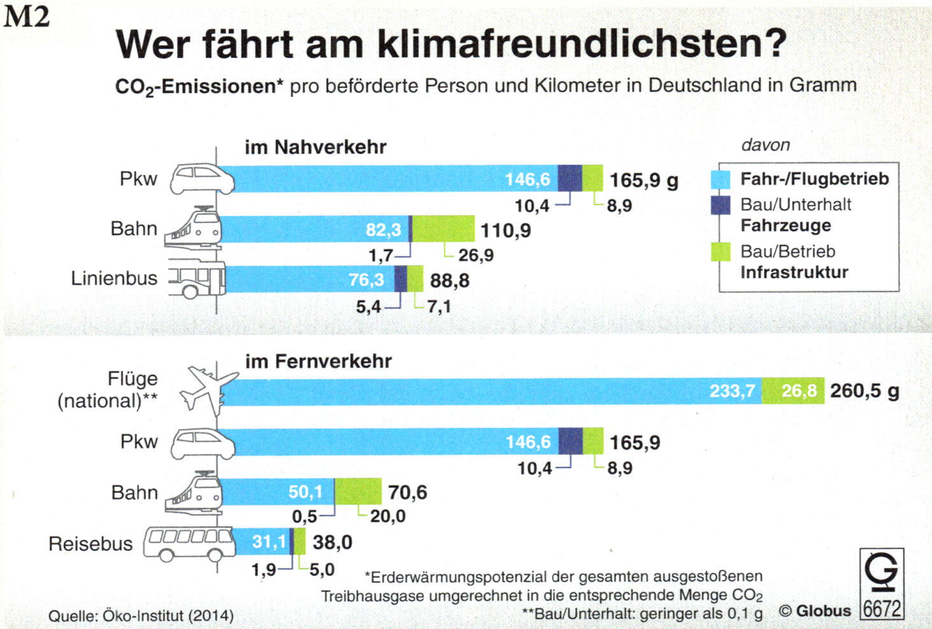

M3 Klimafreundliche Klassenfahrten: Jede Menge Angebote

von Christine Berger

Mit dem Mathe-Leistungskurs nach Madrid oder dem Geografiekurs nach Thailand, die Abireise zum Feiern nach Spanien – dass Kinder und Jugendliche mit der Schule ins entferntere Ausland verreisen, ist mittlerweile der Normalfall. Der ökologische Fußabdruck, den diese Reisen hinterlassen, spielt dabei selten eine Rolle, und das selbst an Schulen, die sich als Umweltschulen beziehungsweise Agenda-21-Schulen zertifiziert haben. Dabei gibt es jede Menge Angebote, sich mit der Klasse auf Pfade zu begeben, Gemeinschaftserlebnis, Bildung und Umweltfreundlichkeit unter einen Hut zu bringen.

Der WWF, die Naturfreundejugend und auch das Deutsche Jugendherbergswerk bieten nachhaltige Klassenreisen an, unter anderem in klimaneutralen Häusern und mit einem Kursangebot, das vom gemeinsamen Kochen bis zu Exkursionen in die Natur reicht.

Der WWF etwa hat 2015 einen neuen Leitfaden herausgebracht, in dem der Schutz des Wattenmeeres, das zum Unesco-Weltnaturerbe gehört, mit Schülerprojektarbeit verknüpft wird: „Watt für eine Klasse(n)fahrt" ist eine Planungshilfe für naturverträgliche Schul- und Gruppenreisen. Lehrmaterial zur Vor- und Nachbereitung sowie Tipps für die richtige Ausrüstung, Verpflegung und Programmgestaltung sind unter anderem Thema. Auch die klimafreundliche Anreise wird thematisiert.

Mit einer Kochshow zum Thema Bio-Essen, einer Ausbildung zum Klimabotschafter

oder Workshops zum Thema „nachhaltiger Konsum“ versuchen die Jugendherbergen Kinder für eine ökologisch bewusste Lebensführung zu begeistern. Vor allem Klassen der Sekundarstufe 1 nutzen die Angebote […]. […]
Mit den sogenannten Graslöwen-Klassenfahrten hat die Stiftung in Kooperation mit dem DJH allerdings ein Bildungsangebot im Gepäck, das sich an Grundschulkinder richtet mit dem Ziel, Nachhaltigkeit, Umweltbewusstsein und Eigeninitiative nahezubringen. Wie man es schaffen könnte, auch ältere Schüler für bewusstes Reisen zu sensibilisieren? Die Naturfreundejugend versucht das mit sogenannten Zero Impact Camps im Rahmen der Arbeit der einzelnen Landesverbände.
Nachhaltige Verpflegung, Unterkunft, Sport oder Reisen sind bei Aktionstagen Thema. „Wir gehen auch in Schulen und gestalten einen Tag zum Thema Tourismus“, so Sine Schnitzer von der Naturfreundejugend Deutschland. Praktisch: Auf der Webseite www.zero-impact-camps kann man den ökologischen Rucksack berechnen lassen. Dabei wird, ohne mit der Moralkeule zu kommen, auf Alternativen verwiesen, wie man die anstehende Reise ökologisch verträglicher gestalten könnte.
Dabei spielen nicht nur die Anreise oder die Unterkunft eine Rolle, sondern auch der Fleischkonsum und das Freizeitprogramm. Auch, wie sich der Verbrauch an Ressourcen überhaupt berechnen lässt, wird genau erklärt. Der ökologische Rucksack der Madridreise mit dem Mathe-Leistungskurs war übrigens bei zehn Teilnehmern 7 800 Kilo schwer. Eine Fahrt nach Rügen hätte nur 4 160 Kilo auf die Waage gebracht.

(taz.die tageszeitung, 31.1.2016)

Diese Kompetenzen sind gefragt

1 *Kreuzen Sie an, wie Sie sich einschätzen.*

Kompetenzen	Das kann ich	Das kann ich teilweise	Das trainiere ich
Material sichten:			
– aus Informationsquellen Relevantes für die eigene Textproduktion auswählen und in geeigneter Form aufbereiten			
materialgestützt schreiben:			
– Texte unter Berücksichtigung textsortenspezifischer Aspekte verfassen			
– den Text auf Anlass/Ziel und Adressatenkreis abstimmen			
– Textbelege und Quellen korrekt zitieren bzw. paraphrasieren			
– Analyseergebnisse zusammenhängend und differenziert versprachlichen			
– eine klare Struktur finden (z. B. durch Zwischenüberschriften, Absätze)			
den Text im Hinblick auf sprachliche Richtigkeit überarbeiten			

Die Materialien verstehen und auswerten

1 *Lesen Sie die Texte M1 und M3. Markieren Sie mit verschiedenen Farben Informationen, die zu den folgenden Untersuchungsaspekten gehören:*
- Gründe für eine ökologische Klassenfahrt
- Zu beachtende Kriterien bei einer ökologischen Klassenfahrt
- Auswirkungen auf die Planung der Klassenfahrt

2 *Untersuchen Sie das Diagramm M2.*

a) Notieren Sie die Quelle und den Herausgeber.

____

____

b) Schätzen Sie die Glaubwürdigkeit der Quelle ein.

____

c) Geben Sie an, welche für Ihren Auftrag relevanten Informationen enthalten sind.

____

____

3 *Ordnen Sie die in den Materialien M1 bis M3 gefundenen Informationen in die Tabelle ein. Notieren Sie hinter jedem Stichpunkt in Klammern die Quelle.*

Gründe
Kriterien
Auswirkungen

ARBEITSTECHNIK | **Materialien gezielt bearbeiten**

Um relevante Informationen für einen informierenden Text zu finden, müssen Materialien aus verschiedenen Quellen durchsucht und im Hinblick auf die Aufgabenstellung ausgewertet werden. Dabei dürfen Autormeinungen nicht mit Fakten verwechselt werden. Seriöse Quellen können beispielsweise pragmatische und literarische Texte, aber auch Schaubilder und Karikaturen sein. Und natürlich können die gefilterten Informationen durch persönliches Vorwissen ergänzt werden. Die Aufgabenstellung muss verstanden sein, damit Sie beim Verfassen Ihres Textes nicht am Thema vorbeischreiben.

Markieren Sie in den Materialien gezielt alle relevanten Einzelinformationen. Verwenden Sie für die Markierungen verschiedene Farben, um die anschließende Zuordnung zu den Einzelaspekten der Aufgabenstellung zu erleichtern. **Sortieren** Sie für das Schreibziel überflüssige Informationen **aus** und **fassen** Sie sich ergänzende Informationen mit eigenen Worten **zusammen.** Heben Sie auch widersprüchliche Informationen durch Markierungen hervor.

Mögliche Schwierigkeiten:
Oft sind in den zur Verfügung stehenden Materialien mehr Informationen enthalten, als von Ihnen benötigt werden. Dann müssen Sie die für Ihren Arbeitsauftrag relevanten Informationen **filtern** und **auswählen.**

Wenn Sie zu einem bestimmten Thema recherchieren, bleibt es nicht aus, dass verschiedene Materialien gleiche Informationen (Dopplungen) enthalten. Diese gilt es zu erkennen, um Wiederholungen zu vermeiden.

4 *Überprüfen Sie Ihre Eintragungen in die Tabelle (S. 77) unter Berücksichtigung des Basiswissens und der folgenden Fragestellungen:*

- Haben Sie die Informationen den Aspekten korrekt zugeordnet?
- Haben Sie nur Informationen notiert, die sich auf Ihre Aufgabenstellung beziehen?
- Haben Sie mehrfach vorkommende Informationen zusammengefasst?

Den informierenden Text vorbereiten

Die Textgestaltung an Textsorte und Adressaten anpassen

1 *Setzen Sie sich im Zusammenhang mit Ihrem Arbeitsauftrag mit Textsorte und Adressatenkreis auseinander. Was sollten Sie beachten? Kreuzen Sie an.*

- ☐ Meine emotionale Begeisterung oder Betroffenheit für das Thema sollte spürbar werden.
- ☐ Ich sollte ein anspruchsvolles Fachvokabular verwenden.
- ☐ Der Text sollte klar strukturiert sein.
- ☐ Der Text muss für meine Mitschüler/-innen gut verständlich sein.
- ☐ Ich muss auf eine für ein Informationsblatt angemessene Textlänge achten.
- ☐ Ich sollte sämtliche Ergebnisse meiner Materialanalysen ausführlich darstellen.
- ☐ Ich sollte am Ende des Textes meine eigene Position begründet darstellen.

Den Text strukturieren

1 ***Erstellen Sie eine Gliederung. Orientieren Sie sich dabei auch am Schreibplan, den Sie in der hinteren Klappe dieses Arbeitshefts finden.***

a) Notieren Sie zunächst die Gliederungspunkte und anschließend zu jedem Gliederungspunkt die passenden Inhalte aus Aufgabe 3 von S. 77 in Stichworten.

b) Ergänzen Sie die einzelnen Punkte durch Ihr eigenes Wissen.

BASISWISSEN **Materialgestützt schreiben**

Im Berufsleben und im Studium brauchen Sie Arbeitstechniken, die es Ihnen ermöglichen, Informationen aus Textquellen zu entnehmen und daraus einen Text zu verfassen

- für eine bestimmte Zielgruppe,
- zu einem vorgegebenen Anlass und/oder
- mit einem bestimmten Ziel
- unter Berücksichtigung der formalen oder sprachlichen Vorgaben einer Textsorte oder eines Schreibformats.

Den informierenden Text schreiben

1 *Formulieren Sie eine passende Überschrift für Ihr Informationsblatt.*

____

2 *Verfassen Sie eine Einleitung, in der Sie Thema, Schreibanlass, Funktion des Textes und Ausgangslage nennen. Leiten Sie mit einem passenden Zitat oder der Fragestellung in den Hauptteil über.*

____

____

____

____

____

____

____

____

____

____

3 *Schreiben Sie den Hauptteil des Informationsblatts auf ein gesondertes Blatt Papier. Orientieren Sie sich dabei an den Stichworten aus Ihrer Gliederung (S. 79, Aufgabe 1) und am Basiswissen unten.*

BASISWISSEN | **Informierend schreiben**

Informierendes Schreiben bedeutet, Sachverhalte schriftlich wiederzugeben. Ein informierender Text ist sachlich und damit **meinungsneutral.** Die Leser/-innen sollen informiert, aber nicht beeinflusst werden. Es geht darum, eine Information weiterzugeben, einen Sachverhalt darzulegen oder Verknüpfungen aufzuzeigen. Dabei sind Vorgaben zu beachten.

Ihr Text soll klar strukturiert sein und damit gut nachvollziehbar. Oft ist die Struktur durch die Aufgabenstellung vorgegeben.

Arbeiten Sie mit Absätzen. Wenn durch die Aufgabenstellung nicht anders vorgegeben, ziehen Sie im Schluss ein Fazit oder fassen Ihre Informationen prägnant zusammen.

Der Schreibstil soll klar, verständlich und der Zielgruppe angemessen sein. Unnötige Fremdwörter und Schachtelsätze sind zu vermeiden, ebenso wertende Adjektive.

Fremdmeinungen (zitiert oder paraphrasiert) müssen gekennzeichnet werden.

4 *Verfassen Sie einen Schluss, in dem Sie ein Fazit ziehen oder die Informationen noch einmal prägnant zusammenfassen.*

5 *Überprüfen und überarbeiten Sie Ihr gesamtes Informationsblatt. Berücksichtigen Sie dabei auch die Hinweise zur sprachlichen Richtigkeit (siehe vordere Umschlagseite dieses Arbeitshefts).*

So schätze ich mich jetzt ein

Füllen Sie den Kompetenzcheck von S. 76 erneut aus.
Vergleichen Sie die Ergebnisse miteinander.

Kompetenzen individuell vertiefen

Wenn Sie nach zusätzlichen Trainingsmöglichkeiten suchen, haben Sie zwei Möglichkeiten: Sie arbeiten weiter am Thema ökologische Klassenfahrt oder befassen sich mit den folgenden Materialien zum Thema Landflucht (siehe S. 81–83).

★ 1 Bereiten Sie einen informativen Vortrag zum Thema ökologische Klassenfahrt vor.

2 Verfassen Sie einen Flyer, in dem Sie zum Thema Landflucht in Deutschland informieren.
- Sichten Sie die folgenden Materialien und entnehmen Sie die nötigen Informationen.
- Überlegen Sie sich eine sinnvolle Struktur und schreiben Sie den Text.

M1 Landflucht und ihre Folgen – von rollenden Kaufläden und Gratis-Grundstücken

Deutschlands Städte wachsen, doch auf dem Land wird es leer. – Eine Entwicklung, die schon lange anhält und die sich laut aktueller Prognosen in den nächsten Jahren noch verstärken wird. Während immer mehr junge Menschen in die Metropolen ziehen, bleiben die Alten in der Provinz zurück, mit verheerenden Folgen.
Viele Dörfer veröden, Gebäude verfallen und weil sich Geschäfte dort immer weniger lohnen, schließen Metzger, Bäcker und Supermärkte.
In der Eifel, wo die Landflucht besonders groß ist, gibt es auf den Dörfern kaum noch Ärzte und Apotheken. Die Bewohner sind auf mobile Verkäufer wie Thomas Becker

angewiesen. Rund 30 000 Kunden versorgen er und seine Kollegen von der rollenden Supermarktflotte eines mittelständischen Betriebs in Nordrhein-Westfalen und Rheinland-Pfalz mit Lebensmitteln, Zahnpasta oder Schreibwaren. FOCUS TV hat den Verkaufsfahrer bei Wind und Wetter auf seinen Touren durch die Eifeldörfer begleitet. Für die Menschen dort ist der 48-Jährige oft der einzige Kontakt zur Außenwelt.

Ähnlich ergeht es Micha Friedrichs, der im Raum Schleiden für die Caritas regelmäßig Patienten zum Arzt und Rentner von der Haustür zur Post, zur Bank oder zum Einkaufen chauffiert. Doch nicht alle wollen den Bevölkerungsschwund einfach so hinnehmen: Im Weserbergland versucht Bürgermeister Manfred Weiner, den Abwärtstrend seiner Gemeinde Ottenstein zu stoppen. Mit einer gewagten Idee will er junge Menschen anlocken: Er will Bauplätze verschenken, damit sich Familien ansiedeln, um dem Ort eine Zukunft zu geben. Ob ihm das gelingt? […]

www.focus.de

M2

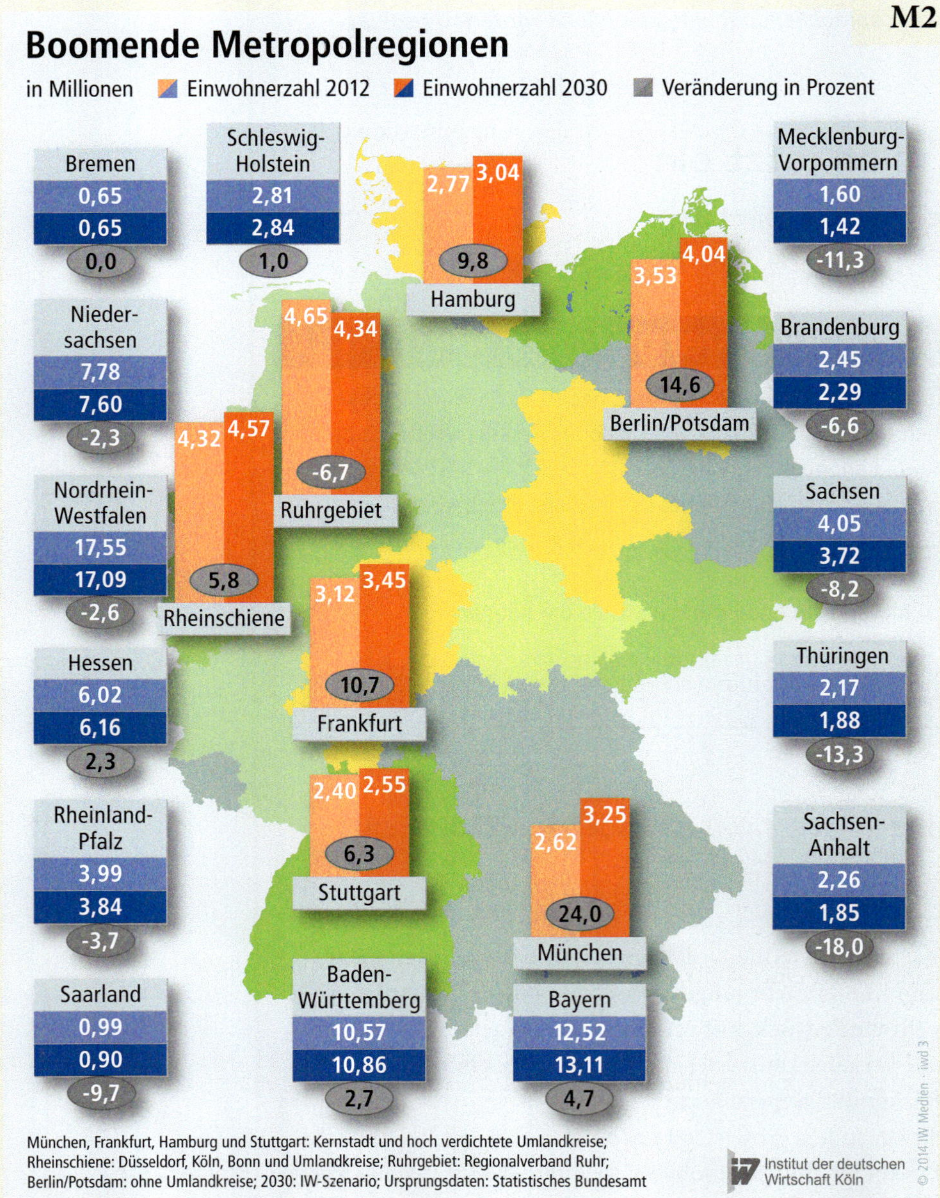

M3 Wohnungsnot: Schwarmverhalten junger Menschen spaltet Deutschland

von Norbert Schwaldt

Die Landflucht in Deutschland verschärft sich in besonderer Weise: Vor allem junge Menschen fallen wie ein Schwarm Vögel in nur wenige Städte ein. Und noch ein weiterer Faktor verknappt den Wohnraum.

Ein neues Wanderungsmuster der Deutschen verschärft die Wohnungsknappheit hierzulande. Insbesondere die jüngere Bevölkerung steigt wie Vögel aus den meisten Regionen auf, fällt als Schwarm in vergleichsweise wenige „Schwarmstädte" ein und verknappt dort den Wohnraum, während sich weniger beliebte Städte und vor allem Landkreise zunehmend entleeren. [...]
Am stärksten von diesem Schwarmverhalten profitieren Leipzig, München und Frankfurt/Main, ergab die Untersuchung für den GdW Bundesverband deutscher Wohnungs- und Immobilienunternehmen. Dann aber folgen direkt auch kleinere Großstädte wie Landshut, Regensburg, Karlsruhe, Münster oder Heidelberg, während viele große Städte wie Essen oder Dortmund kaum Bewohner gewinnen oder sogar verlieren. Vor allem aber verlieren praktisch alle Landkreise Einwohner.

„Die demografische Spaltung des Landes wird getragen von den Jüngeren, die noch auf der Suche nach ihrem Lebensmittelpunkt sind", stellen die Empirica-Experten fest. Der Anteil der Studienanfänger eines Jahrganges ist von 36 Prozent im Jahr 2003 auf 53 Prozent im Jahr 2013 gestiegen. [...]
Die „Hauptschwärmer" sind jedoch Berufsanfänger mit einem Hochschulabschluss aus der Altersklasse 25 bis 34 Jahre, die zum einen weiter aus den ländlichen Räumen abwandern und zum anderen aus den Hochschulstädten und Kreisen weiter in die angesagten Schwarmstädte ziehen. Dieser zweite Schwarm sorgt für die Konzentration junger Menschen in vergleichsweise wenigen Städten. So ziehen die jungen Deutschen zum Beispiel erst zum Studium nach Emden, Kaiserslautern oder Greifswald, um nach dem Abschluss weiter nach Leipzig, Köln oder Stuttgart zu wandern.

Es sind aber nicht vornehmlich gute Jobs, auf die sie in den besonders beliebten Städten hoffen. Die Zahl der Arbeitsplätze ist in den letzten Jahren bundesweit mit einer ähnlichen Rate gewachsen wie in den Schwarmstädten. Deutlich stärker gewachsen ist in den beliebten Städten jedoch die Zahl der dort wohnenden, aber nicht dort arbeitenden Beschäftigten, die morgens zur Arbeit aus der Stadt hinauspendeln.
So zum Beispiel im Saalekreis in Sachsen-Anhalt: In Leuna, Merseburg und Schkopau ist die Zahl der Arbeitsplätze zwischen 2008 und 2013 um 5,5 Prozent gestiegen, die Zahl der vor Ort wohnenden Beschäftigten wuchs aber nur um 0,1 Prozent. Im nahe gelegenen Leipzig stieg hingegen die Zahl der Arbeitsplätze um 11,5 Prozent, die Zahl der in Leipzig wohnenden Beschäftigten aber wuchs deutlich stärker – um 19,5 Prozent. In den letzten fünf Jahren hat Leipzig so 50 000 junge Neubewohner hinzugewonnen. [...]
Derzeit profitiert fast jede Stadt auf der einen Seite von einer Zuwanderung aus dem eigenen Hinterland und verliert auf der anderen Seite in Richtung der echten Schwarmstädte. Auch wenn der Saldo aktuell insgesamt positiv ist, kann dieses Muster aber schon daher nicht dauerhaft bestehen bleiben, weil das eigene Hinterland sich entleert. [...]

(Die Welt, 10.11.2015)

Richtig schreiben

Eigene Fehlerschwerpunkte erkennen

1 *Analysieren Sie Ihre Fehler.*

a) Untersuchen Sie die Korrekturen der letzten Hausaufgaben, Tests, Klassenarbeiten o. Ä.

b) Tragen Sie Ihre Fehler in die entsprechende Spalte der Diagnose-Tabelle ein.

Fehlerbereich	Anzahl der Fehler
Rechtschreibung	
– Groß- und Kleinschreibung:	
· Satzanfänge, Eigennamen und Nomen	
· Nominalisierungen	
· höfliche Anrede	
· Tageszeiten, Wochentage	
– Schreibung von „das“ und „dass“	
– Schreibung des s-Lauts	
– Zusammen-/Getrenntschreibung	
– Fremdwörter/Fachbegriffe	
– sonstige Wörter, die mir schwerfallen	
Zeichensetzung	
Grammatik	

Ein Wörterbuch nutzen

Ein Wörterbuch hilft Ihnen, Wörter und deren Anwendung zu verstehen. Der folgende Auszug macht Ihnen deutlich, welche Informationen Sie dem Wörterbuch entnehmen können.

Port/fo/lio, das; -s, -s (ital.) (Mappe mit Grafiken; *Wirtsch.* Wertpapierbestand)	/../ = Silbentrennung Unterstreichung des Vokals = Betonung (Hier wird der Buchstabe lang gesprochen.) das = Artikel (hier: Neutrum) -s = Position für Genitiv Singular (Hier wird ein -s an den Nominativ Singular angehängt.) -s = Nominativ Plural (Hier wird ein -s an die Singularform gehängt.) (ital.) = Wort stammt aus dem Italienischen.

Vgl. Duden. Die deutsche Rechtschreibung, 26. Aufl., Berlin: Dudenverlag 2013.

1 *Notieren Sie, welche Informationen Sie in einem Wörterbuch finden.*

____

____

____

____

____

____

2 *Welche Variante ist richtig? Kreuzen Sie an.*
Wenn Sie unsicher sind, schlagen Sie den Begriff in einem Wörterbuch nach.

a) Der Plural von Hobby	☐ Hobbys	☐ Hobbies
b) Futter hat	☐ eine Bedeutung	☐ zwei Bedeutungen
c) Die Verkleinerungsform von Paar	☐ Päärchen	☐ Pärchen
d) Der Genitiv von Namen	☐ des Namens	☐ des Names
e) Die richtige Schreibweise	☐ wohlmöglich	☐ womöglich
f) Der richtige Kasus (Fall)	☐ außer mir	☐ außer ich
g) Du ...	☐ frägst	☐ fragst
h) Mein ...	☐ einziger Fehler	☐ einzigster Fehler
i) Der Plural von Neider	☐ Neider	☐ Neiders
j) Die richtige Schreibweise	☐ anders	☐ anderst
k) ... 7 Uhr bin ich wach.	☐ Seid	☐ Seit
l) Die richtige Schreibweise	☐ wiederum	☐ wiederrum
m) Die Silbentrennung von abendfüllend	☐ a/bend/fül/lend	☐ abend/fül/lend
n) Die richtige Schreibweise	☐ die beiden	☐ die Beiden
o) Der Artikel von Gegenüber	☐ der	☐ das
p) Der Plural von Pizza	☐ Pizzas	☐ Pizzen
q) Die richtige Schreibweise	☐ ebend	☐ eben
r) Die richtige Schreibweise	☐ während dessen	☐ währenddessen
s) Die richtige Schreibweise	☐ wiederspiegeln	☐ widerspiegeln
t) Er ...	☐ verstummt	☐ verstumpt
u) Es ...	☐ giltet nicht	☐ gilt nicht

Wichtige Regeln der Rechtschreibung beachten

Groß- und Kleinschreibung

1 *Überprüfen Sie Ihr Vorwissen. Notieren Sie Regeln, die Sie für die Groß- und Kleinschreibung kennen.*

____

____

____

____

2 *Schreiben Sie den folgenden Text mit den korrekten Anfangsbuchstaben auf ein gesondertes Blatt.*

gutes und ausgewogenes essen ist ein wichtiges thema, mit dem sich nicht nur hausfrauen befassen sollten. wenn es nach kindern und jugendlichen ginge, stünden im großen und ganzen nur pommes, pizza und nudeln auf dem speiseplan. gemüse und salat sind bei vielen nicht sehr gefragt. spinat, fisch oder gar suppen rufen des öfteren großen widerwillen hervor. oder ist das bei ihnen anders? was bevorzugen sie im allgemeinen? möchten sie vielleicht montags immer gemüsesuppe und jeden freitag fisch essen?

3 *Vergleichen Sie Ihr Ergebnis mit der Lösung im beiliegenden Heft.*

a) Analysieren Sie Ihre Fehler. Wobei hatten Sie Schwierigkeiten? Wo waren Sie unsicher?

b) Tragen Sie Ihre Fehler in die folgende Übersicht ein.

Satzanfänge	*Nomen/ Eigennamen*	*Nominalisie-rungen*	*Tageszeiten/ Wochentage*	*Höfliche Anrede*

4 *Nominalisieren Sie die Adjektive* ***schön, wichtig, bestimmt, auffällig, neu*** *mithilfe der unbestimmten Pronomen* ***etwas, viel, manches, nichts.***

Beispiel: schön → etwas Schönes

____

____

____

____

5 *Bilden Sie sinnvolle Sätze mit Wortpaaren aus einem Wort der ersten und einem Wort der zweiten Zeile. Achten Sie auf die Schreibweise. Verwenden Sie ein gesondertes Blatt.*

nichts – viel – wenig – etwas – genug – alles – manches – dieses – im
wissen – neu – interessant – hilfreich – sinnvoll – können – besonders

BASISWISSEN **Nominalisierungen**

Verben und Adjektive, die als Nomen verwendet werden, werden **großgeschrieben.** Nominalisierungen lassen sich oft an ihren **Begleitern** erkennen:

- Artikel *(der, die, das, ein, eine, einer ...)*
- mit Präposition verschmolzene Artikel *(am = an + dem, beim = bei + dem, zur = zu + der, im = in + dem, ins = in + das)*
- Possessivpronomen *(mein, dein, sein ...)*
- Indefinitpronomen *(alles, etwas, genug, manches, nichts, viel, wenig ...)*

Beispiel: Das **L**aufen ist für mich ein guter Ausgleich zum **A**rbeiten am Schreibtisch. Es hat etwas **E**ntspannendes.

6 *Schreiben Sie auf, was Sie am liebsten tun würden, was Sie am besten können und was Sie am schönsten finden. Beachten Sie das Basiswissen unten.*

____

____

____

7 *Setzen Sie die folgenden Wörter in die Lücken ein.*

nichts anderes, der andere, die meisten, die wenigsten, der eine

______________ beginnen den Tag mit einem Frühstück. Es ist egal,

ob ______________ gerne Müsli und ______________ lieber

ein Brötchen mag. Es gibt auch Menschen, die ______________

als ein Glas Orangensaft und Obst zu sich nehmen. Allerdings trinken

______________ – ca. 20 Prozent – nur einen Kaffee.

BASISWISSEN **Besonderheiten bei der Kleinschreibung**

Auch wenn sie auf den ersten Blick wie Nomen aussehen, **kleingeschrieben** werden:

– **Superlative mit „am“:** am besten, am meisten, am schönsten ...
– **das Pronomen „beide“ und unbestimmte Numerale,** auch wenn sie ein Begleitwort haben: *die beiden, alle beide, einer von beiden ...; der eine – der andere, nichts anderes, die meisten ...*

„Das“ und „dass“ richtig verwenden

1 *Überprüfen Sie Ihr Vorwissen. Notieren Sie, welche Regeln Sie zur Unterscheidung der Schreibweise von „das“ und „dass“ kennen.*

______

______

______

2 *Verbinden Sie die folgenden Sätze durch die Konjunktion „dass“.*

a) Die Umweltschützer warnen. Der Einsatz von Antibiotika in der Tiermast schadet der Umwelt und der Gesundheit.

______

______

b) Ein Erwachsener sollte pro Woche nicht mehr als 300 bis 600 Gramm Fleisch essen. Die Ernährungswissenschaftler raten dazu.

______

______

3 *Welche Meinung haben Sie zum Fleischkonsum? Bilden Sie vollständige Sätze mit den unten stehenden Formulierungen. Verwenden Sie dafür ein gesondertes Blatt.*

Ich meine, ... Ich denke, ... Ich bin davon überzeugt, ...

4 *Verbinden Sie die folgenden Sätze mit „das“ oder „dass“.*

Das Essen schmeckt gut. Esra hat gekocht.

______

Ich freue mich. Es gibt einen Gemüseauflauf.

______

Wir hatten Glück. Esra konnte alle Zutaten frisch besorgen.

______

BASISWISSEN **Schreibung von „das“ und „dass“**

Bei der Schreibung von „das“ und „dass“ ist es hilfreich, die grammatische Funktion des Wortes im Satz zu überprüfen. So kann das Wort entweder ein Artikel, ein Pronomen oder eine Konjunktion sein. Bei der Unterscheidung von Pronomen und Konjunktion kann die **Ersatzprobe** helfen: Wenn man anstelle des Wortes *diese**s**, welche**s*** oder *jene**s*** einsetzen kann, schreibt man „das“ mit einem s.

Wichtige Regeln der Zeichensetzung anwenden

Das Komma bei Aufzählungen

1 *Diktieren Sie Ihrer Lernpartnerin/Ihrem Lernpartner folgende Sätze ohne Kommas. Tauschen Sie nach der Hälfte des Textes die Rollen.*

Fleischkonsum

Im Schnitt nehmen die meisten Menschen im Laufe ihres Lebens eine ganze Menge Lebensmittel und dabei auch Fleisch zu sich. In Deutschland z. B. sind dies laut Angaben des u. a. vom BUND und der Heinrich-Böll-Stiftung herausgegebenen „Fleischatlas“ über 1000 Tiere: ca. 900 Hühner, 45 Schweine, 45 Puten, fast 40 Enten, knapp über zehn Gänse, vier Schafe und sogar vier Rinder. Männer essen doppelt so viel Fleisch wie Frauen.

Insgesamt geht der Verzehr sowohl von Wurst als auch von Steaks und Braten zurück. 1980 waren es noch durchschnittlich 67 Kilo pro Person, zehn Jahre danach bereits 64 Kilo und weitere zehn Jahre später noch 60 Kilo.

Auffallend ist, dass nicht nur Schweine, sondern auch Geflügel stärker gemästet werden. Ein Hühnchen ist so im Verlauf der Jahre enorm gewachsen und liefert heute viel mehr Fleisch als vor 60 Jahren. Forscher fanden heraus, dass die Tiere damals nach acht Wochen ca. 900 Gramm wogen, 20 Jahre später war es schon doppelt so viel und weitere 30 Jahre später wogen sie über vier Kilogramm. Die Tiere haben große Probleme zu stehen, zudem sind sie anfällig für alle möglichen Krankheiten.

2 *Überprüfen Sie Ihren Text auf Kommasetzung. Erklären Sie, warum Sie Kommas gesetzt haben. Berücksichtigen Sie dabei das Basiswissen.*

3 *Recherchieren Sie nach weiteren Informationen zum Fleischkonsum. Notieren Sie dazu mindestens zwei Sätze mit Aufzählungen, bei denen Sie die unten angeführten Kommaregeln beachten.*

____

____

____

____

BASISWISSEN | **Das Komma bei Aufzählungen**

Aufzählungen können aus **Wörtern, Wortgruppen** oder **Sätzen** bestehen.
Die Teile einer Aufzählung, die nicht mit *und, oder, beziehungsweise, entweder – oder, sowohl – als auch, sowohl – wie, weder – noch, nicht – noch* verbunden sind, werden durch Komma abgetrennt.
Beispiele:
Seine Ernährung ist ausgewogen, kalorienarm und abwechslungsreich.
Willst du heute Abend, morgen früh, eventuell noch morgen Mittag oder am Abend mit mir Sport machen?
*Wir denken **sowohl** an eine gesunde Ernährung **und** die damit verbundene Nahrungszubereitung **als auch** an ausreichend Bewegung.*

Das Komma zwischen Haupt- und Nebensatz

1 ***Notieren Sie, worin sich Haupt- und Nebensätze unterscheiden. Nutzen Sie dazu die vorgegebenen Stichworte und das Basiswissen.***

Position des konjugierten (gebeugten) Verbs/Einleitung von Nebensätzen

____

____

____

____

2 ***Lesen und bearbeiten Sie den folgenden Text.***

a) Markieren Sie die Nebensätze und unterstreichen Sie die einleitenden Konjunktionen sowie die Relativpronomen.

b) Setzen Sie die Kommas.

Weltweit nimmt der Verzehr von Fleisch zu obwohl er in Deutschland in den letzten Jahren rückläufig ist. Wenn dem keine Grenzen gesetzt werden hat dies weitreichende Folgen für die Menschen und die Umwelt. Antibiotika die in das Tierfutter gemischt werden schaden letztendlich der menschlichen Gesundheit. Weil viele Felder mit Gülle gedüngt werden wird das Grundwasser belastet. Dass dies wiederum dem Menschen schadet ergibt sich von selbst.
Wenn man das schön verpackte Fleisch im Kühlregal des Supermarktes sieht denkt man gar nicht mehr daran. Man vergisst ebenso dass viele Tiere leiden müssen. Das Töten setzt nur den Schlussstrich unter eine lange Reihe von Qualen.
Viele Menschen die sich mit dem Thema befasst haben haben sich mittlerweile für eine vegetarische Ernährung entschieden.

BASISWISSEN | **Das Komma zwischen Haupt- und Nebensatz**

Der Hauptsatz kann alleine stehen, er ist selbstständig. Der Nebensatz ist vom Hauptsatz abhängig, er kann nicht alleine stehen.
Meist wird der Nebensatz durch eine unterordnende Konjunktion eingeleitet.
Das konjugierte (gebeugte) Verb steht in der Regel am Ende des Nebensatzes.
Nebensätze werden durch Komma vom Hauptsatz getrennt. Die Nebensätze können vor dem Hauptsatz stehen oder danach. Sie können aber auch in den Hauptsatz eingebettet sein.
Beispiele:
Wenn ich rechtzeitig zum Sport kommen will, *muss ich mich sehr beeilen.*
Ich muss mich sehr beeilen, ***wenn ich rechtzeitig zum Sport kommen will.***
Ich muss mich, ***wenn ich rechtzeitig zum Sport kommen will,*** *sehr beeilen.*

Das Komma bei Infinitivgruppen

1 *Schreiben Sie den folgenden Text ab. Verwenden Sie dafür ein gesondertes Blatt.*

a) Setzen Sie die fehlenden Kommas.

b) Unterstreichen Sie alle einleitenden Wörter (um, ohne ...) sowie alle Verweiswörter.

c) Begründen Sie Ihre Zeichensetzung. Berücksichtigen Sie das Basiswissen.

Veganismus

Anstatt sich von Tieren zu ernähren entscheiden sich immer mehr Menschen sich vegan zu ernähren und sogar so zu leben. Neben Fleisch und Fisch heißt das auch auf Milch und Eier und all das zu verzichten was von Tieren gewonnen wird. Um noch ein paar Beispiele zu nennen seien hier Milch Eier oder Honig genannt.

Dies betrifft aber auch Kleidung Kosmetik und Alltagsgegenstände. Anstatt Lederschuhe oder einen Wollpulli zu tragen werden z. B. Schuhe aus Kunstleder oder Pullis aus Kunstfasern genutzt. Auch das Sofa muss den veganen Kriterien gerecht werden. Selbstverständlich werden auch die Bestandteile eines Lippenstiftes genau unter die Lupe genommen bevor er gekauft wird. Produkte die an Tieren getestet wurden fallen ebenfalls darunter.

Der hauptsächliche Grund für diese Lebensweise liegt darin Tiere nicht leiden zu lassen. Neben dem Töten spielen auch die Haltung und der Transport der Tiere eine Rolle bei der Entscheidung. Die Folgen der Überdüngung oder die Emission von Treibhausgasen sind dabei auch zu berücksichtigen.

Und schließlich sind die gesundheitlichen Aspekte nicht zu vergessen. So kann eine vegane Ernährung helfen vielen Krankheiten vorzubeugen oder sie sogar zu heilen. Sie ist auch ein Weg den Problemen die durch den Missbrauch von Antibiotika in der Tierhaltung entstehen entgegenzuwirken.

BASISWISSEN | **Das Komma bei Infinitivgruppen**

Infinitivgruppen **können** durch Komma abgetrennt werden, um die Gliederung des Satzes deutlich zu machen oder um Missverständnisse zu vermeiden.
Beispiel: *Sie empfehlen ihm(,) zu folgen./Sie empfehlen(,) ihm zu folgen.*
Infinitivgruppen **müssen** durch Komma vom Hauptsatz abgetrennt werden, wenn
- sie mit ***um, ohne, anstatt, statt, außer, als*** eingeleitet werden:
  Beispiel: ***Um** seinen Gesundheitszustand zu verbessern, befolgte er die Anweisungen seines Arztes.*
- ein **hinweisendes Wort** (Verweiswort) im Hauptsatz diese ankündigt.
  Hinweisende Wörter sind: ***daran, damit, es.***
  Beispiel: *Er dachte nicht mehr **daran,** auf die Empfehlungen anderer zu hören.*
- diese von einem **Nomen im Hauptsatz** abhängen.
  Beispiel: *Wir gaben ihm den **Rat,** das nächste Mal in Ruhe zu überlegen.*

Zitieren und bibliografieren

Zitieren

Zitieren kann man auf zweierlei Art, entweder durch die wörtliche Übernahme eines Zitates oder durch dessen Paraphrase (sinngemäße Wiedergabe mit eigenen Worten). Beim wissenschaftlichen Arbeiten, z. B. bei Textanalysen und -interpretationen, Facharbeiten oder Referaten, muss jede direkte und indirekte Übernahme fremden geistigen Eigentums eindeutig als solche gekennzeichnet werden.

BASISWISSEN | **Zitierregeln I**

- Anfang und Ende eines Zitates gehören in Anführungszeichen: „...“.
  „Er schaute mich an. Ich hätte gerne gewusst, wie er darüber dachte, aber sein Gesichtsausdruck war unergründlich. Wie sollte ich jetzt entscheiden?“
- Direkte Rede oder Zitate im zitierten Text werden mit halben Anführungszeichen gekennzeichnet: ‚...‘.
  „Auf dem Gang kam ihm der Arzt aus dem Zimmer der Mutter entgegen. ‚Sie schläft jetzt‘, sagte er.“
- Wenn man einen zusammenhängenden Text nicht vollständig zitiert, müssen die Auslassungen mit rechteckigen Klammern und drei Auslassungspunkten gekennzeichnet werden: [...].
  „‚Das glaubst du doch selbst nicht‘, sagte sie, [...] und trank ihren Kaffee aus.“

1 *Wandeln Sie das erste Zitat im Basiswissen dahingehend um, dass Sie*

a) einen Teil des Satzes weglassen.

___

b) eine von Ihnen formulierte direkte Rede einfügen.

___

___

BASISWISSEN | **Zitierregeln II**

- Wenn zum besseren Verständnis einer Textstelle Erläuterungen eingefügt werden müssen, werden sie wie folgt kenntlich gemacht: *[Erläuterung, d. Verf.]. (der Verf. = der Verfasser)*
  „Er [der Chef, d. Verf.] war schon fort.“
- Längere Textpassagen können auch in Form von indirekter Rede zitiert bzw. referiert werden. Orginalzitat: *„Was sich hier anbietet, das ist Leben, das sind Zusätze zu meinem eigenen Leben, die darauf warten, in Gebrauch genommen zu werden.“ (Skjonsberg 2007, S. 190)* → Paraphrase: *Nils sagte, was er dort angeboten bekomme, das sei Leben, das seien Zusätze zu seinem eigenen Leben, die darauf warteten, in Gebrauch genommen zu werden.*

2 *Zitieren Sie die folgenden Textauszüge sinngemäß, indem Sie die indirekte Rede einsetzen. Verwenden Sie ein gesondertes Blatt.*

[...] Jahrelang war sie ihm in den Schulfluren nachgeschlichen, unbemerkt und unerkannt, und jetzt war es Jahre später und er stand auf einmal vor ihr und lächelte sie an. [...]

[...] Sie hatte es nie als Mut betrachtet. [...] In den aussichtslosesten Momenten ihres Lebens hatte sie ihre Beobachtungsposten aufgegeben und sich in die Schlacht geworfen. Meistens hatte sie damit andere vor den Kopf gestoßen oder sich blamiert. Und manchmal hatte sie es geschafft, Dinge ins Rollen zu bringen. [...]

3 *Ein Schüler hat aus der Kurzgeschichte „Sechzehn" (S. 33–35) in seiner Textanalyse die oben angegebenen Textstellen zitiert und paraphrasiert. Dabei sind ihm einige Fehler unterlaufen. Korrigieren Sie diese auf einem gesonderten Blatt Papier.*

Schülerzitat: „[...] Jahrelang war sie (Katja, die Erzählerin) ihm in den Schulfluren nachgeschlichen, unbemerkt und unerkannt, und jetzt war es Jahre später und er [Marcus Riedmüller, ein ehemaliger Klassenkamerad] stand auf einmal vor ihr und lächelte sie an. [...]"

Schülerparaphrase: Die Erzählerin meinte, dass sie es nie als Mut betrachtet habe. In den aussichtslosesten Momenten ihres Lebens gab sie ihre Beobachtungsposten auf und warf sich in die Schlacht. Meistens habe sie damit andere vor den Kopf gestoßen oder sich blamiert. Und manchmal habe sie es geschafft, Dinge ins Rollen zu bringen.

BASISWISSEN – Zitate kennzeichnen

- Es gibt zwei Möglichkeiten, Zitate zu kennzeichnen. Im ersten Fall schließt man den Verweis auf das Zitat in Klammern an das Zitat an: *(Friedrich 2008, S. 16).* Im zweiten Fall platziert man diese Information in einer Fußnote.
- Wenn im eigenen Text auf einer Seite mehr als einmal auf den gleichen Titel verwiesen wird, können statt einer erneuten Nennung des Titels die Hinweise: *„vgl. ebd."* (ebd. = ebenda) oder *„vgl. a. a. O."* (am angeführten Ort) verwendet werden. Für längere Textstellen kann man statt *S. 15–19* auch *S. 15 ff.* (folgende Seiten) angeben. Folgt nur eine Seite (S. 15–16) schreibt man: *S. 15 f.*
- In einer Textanalyse oder -interpretation genügt in der Regel bei mehrseitigen Texten die genaue Angabe der Seite: z. B. *(S. 4).*
- Bei Gedichten gibt man die Strophe und die Verszeile an: z. B. *(V. 3, 7).*
- Bei Texten mit einer Seite Umfang verweist man nur auf die Zeile: z. B. *(Z. 24).*
- Bei dramatischen Texten fügt man außer der Seiten- und/oder Versangabe auch eine Angabe zum Akt und zur Szene an. Diese Angaben werden im Anschluss an das Zitat in Klammern gemacht: z. B. *(vgl. II. Akt, 2. Sz., S. 98, V. 12).*
- Für Zitate aus dem Internet gelten dieselben Regeln wie für Zitate aus den Printmedien, es entfällt lediglich die Seitenangabe und der Abruf wird ergänzt (Datum, evtl. Uhrzeit): (**schulz-von-thun, Abruf** 14.04.2016).

Bibliografieren

Eine Bibliografie ist ein Literaturverzeichnis, d. h. eine Liste von Büchern und anderen Quellen, die für das Verfassen eines Referates oder einer Facharbeit benutzt wurden.

BASISWISSEN **Bibliografie**

Grundsätzlich unterscheidet man zwischen Primär- und Sekundärliteratur.
- Primärliteratur ist die Originalquelle, mit der man arbeitet, z. B. ein Drama oder Roman: *Dürrenmatt, Friedrich: Die Physiker. Eine Komödie in zwei Akten. Neufassung 1980. Zürich: Diogenes 1985*
- Sekundärliteratur sind Aussagen von Experten über die Originalquelle (z. B. Lektürehilfen): *Feuchert, S. u. Hofmann, L.: Lektüreschlüssel zu Schlink: Der Vorleser. Stuttgart: Reclam 2005*
- Die verwendete Literatur wird alphabetisch nach dem Nachnamen der Autoren sortiert. Werden mehrere Werke des gleichen Autors benutzt, nimmt man zusätzlich eine chronologische Ordnung (2007, 2008 etc.) vor. Werke eines Autors des gleichen Jahrgangs kennzeichnet man mit a, b, ...
  Alt, Peter-André: Schiller. Leben – Werk – Zeit, 2 Bde. München: Beck 2004 (a), 2. Auflage
  Alt, Peter-André: Friedrich Schiller. München: Beck 2004 (b)
  Andersch, Alfred: Der Vater eines Mörders. Zürich: Diogenes 1980
  Bayer, Klaus: Argument und Argumentation. Logische Grundlagen der Argumentationsanalyse. Opladen/Wiesbaden: Westdeutscher Verlag 1999

1 *Sie haben Informationen der S. 93 zitiert. Fertigen Sie eine Literaturangabe für Ihr Literaturverzeichnis an.*

____

____

2 *Untersuchen Sie mithilfe des Textquellenverzeichnisses dieses Arbeitshefts (S. 96), wie Zeitungsartikel bibliografiert werden. Wählen Sie dann einen Artikel aus Ihrer Tageszeitung aus und bibliografieren Sie ihn entsprechend.*

____

____

Auf Bildquellen verweisen

BASISWISSEN **Bibliografie von Abbildungen**

Bei aufwendigen Arbeiten, die auch Bilder und Grafiken enthalten, ist es sinnvoll, ein separates Abbildungsverzeichnis anzulegen. Zur besseren Auffindbarkeit gibt man hier die Quellen nicht alphabetisch, sondern nach den fortlaufenden Seitenzahlen an.
S. 30: Interfoto München; S. 45: Ullstein Bild GmbH; S. 63: Neue Westfälische, Bielefeld

Auf Internetquellen verweisen

Bei der Recherche im Internet muss man darauf achten, ob der Veröffentlichende auch der Verfasser ist und ob die verwendeten Quellen seriös sind.

BASISWISSEN | **Internetquellen**

Wenn der Verfasser zweifelsfrei feststeht, kann die Angabe alphabetisch eingeordnet werden. Ist dies nicht der Fall oder gibt man sehr viele Angaben aus dem Internet an, kann es sinnvoll sein, auch hierfür ein separates Verzeichnis anzulegen. Zusätzliche Angaben für Zitate aus dem Internet: Name des Autors/Herausgebers (wenn vorhanden) und/oder der Dateititel (wenn vorhanden), Erscheinungsjahr des zitierten Textes (wenn vorhanden), Angabe der vollständigen Webadresse (URL) und des Downloaddatums (manche Prüfer verlangen auch die Uhrzeit des Abrufs).

Lese- und Lernkompetenz. http://www.soft-skills.com/lese-und-lernkompetenz/ [Abruf 17.05.2016]

Das Weib an den Geliebten. Aus: Tegernseer Liebesbriefe Wernher des Mönchs. http://gutenberg.spiegel.de/buch/deutsche-liebesbriefe-7648/1 [Abruf 17.05.2016]

Textquellen

S. 5: *Spiewak, Martin:* Mehrsprachigkeit: Ein Kind, drei Sprachen. Aus: http://www.zeit.de/2015/47/mehrsprachigkeit-kinder-vorteile [Abruf: 15.06.2016]; **S. 6:** Fremdsprachen: Der Schlüssel zum beruflichen Erfolg? Aus: http://www.sz-online.de/nachrichten/fremdsprachen-der-schluessel-zum-beruflichen-erfolg-3184638.html [Abruf: 15.06.2016]; **S. 11:** *Weckbrodt, Heiko:* „Leichte Sprache“: Flüchtlinge brauchen einfache Sätze, Deutsche auch. Aus: http://www.welt.de/vermischtes/article153809722/Fluechtlinge-brauchen-einfache-Saetze-Deutsche-auch.html [Abruf: 15.06.2016]; **S. 14–15:** *Pasquet, Vivian:* Sozialhilfe – Ordnung war gestern. Aus: http://blog.neon.de/2016/01/sozialhilfe-ordnung-war-gestern/ [Abruf: 15.06.2016]; **S. 22–23:** *Gerk, Andrea:* Lob der schlechten Laune. Aus: http://www.deutschlandradiokultur.de/glosse-lob-der-schlechten-laune.1013.de.html?dram:article_id=341290 [Abruf: 15.06.2016]; **S. 24–25:** *Hartung, Hugo:* Gitte wartet auf der Brücke. Aus: Deutsche Erzähler der Gegenwart. Eine Anthologie. Hrsg. v. Willi Fehse. Stuttgart: Reclam 1959, S. 133–136; **S. 33–35:** *Pukall, Alexa:* Sechzehn. Aus: über brücken. Anthologie des Literarischen Zentrums Rhein-Neckar e. V. Selbstverlag Die Räuber ’77. Mannheim 2015, S. 51–55; **S. 36–38, 42, 45:** *Seethaler, Robert:* Der Trafikant. Kein & Aber AG Zürich/Berlin. 1. Auflage November 2013, S. 7–9, 161–162, 164, 165–166, 194–195; **S. 46–47:** *Gomringer, Nora:* Rede an die Jugend. Aus: Weilheimer Literaturpreis 2015. Weilheimer Hefte zur Literatur 71, S. 31–34; **S. 54–55:** *Loriot:* An die Jugend. Aus: *Loriot:* Gesammelte Prosa. Copyright © 2006 Diogenes Verlag AG Zürich; **S. 56–57, 63:** *Benjamin, Walter und Zucker, Wolf:* Gehaltserhöhung?! Wo denken Sie hin!. Aus: W. B.: Gesammelte Schriften III. Frankfurt a. M.: Suhrkamp 1972, S. 219ff.; **S. 74–75:** Globaler Tourismus in globaler Verantwortung. Aus: Standpunkt Tourismuswende. Agenda 2030 für nachhaltige Entwicklung: Die Transformation im Tourismus gestalten, S. 5. http://tourism-watch.de/files/agenda_2030_internet_de.pdf [Abruf: 15.06.2016]; **S. 75–76:** *Berger, Christine:* Klimafreundliche Klassenfahrten: Jede Menge Angebote. Aus: http://www.taz.de/Klimafreundliche-Klassenfahrten/!5270538/ [Abruf: 15.06.2016]; **S. 81–82:** Landflucht und ihre Folgen – von rollenden Kaufläden und Gratis-Grundstücken. Aus: http://www.focus.de/focustv/focustv-reportage/focus-tv-reportage-am-mittwoch-04-11-2015-um-00-05-uhr-in-sat-1-landflucht-und-ihre-folgen-von-rollenden-kauflaeden-und-gratis-grundstuecken_id_5068325.html [Abruf: 15.06.2016]; **S. 83:** *Schwaldt, Norbert:* Wohnungsnot: Schwarmverhalten junger Menschen spaltet Deutschland. Aus: http://www.welt.de/finanzen/immobilien/article148664369/Schwarmverhalten-junger-Menschen-spaltet-Deutschland.html [Abruf: 15.06.2016]

Bildquellen

S. 4: ddp images/Picture Press/360° CREATIVE; **S. 10:** Fotolia/Robert Kneschke; **S. 14:** Fotolia/kubko; **S. 24:** imago sportfotodienst/imago stock&people/Sven Simon; **S. 36:** picture-alliance/dpa-Zentralbi; **S. 42:** picture-alliance/FOLTIN Jindri; **S. 43:** INTERFOTO/picturedesk.com/ÖNB/Lobinger, Franz; **S. 46:** picture-alliance/David Ebener; **S. 56:** picture-alliance/dpa; **S. 75:** picture-alliance/dpa-infografik; **S. 82:** 2014 IW Medien/iwd 3